Llond Wagan o Chwerthin

Llond Wagan o Chwerthin

Golygwyd gan Ifan Glyn

LLYFRAU LLAIS

Argraffiad cyntaf: Mawrth 2006

Hawlfraint: Llyfrau Llais 2006

Cyhoeddwyd y rhan fwyaf o'r straeon hyn yn y cyfrolau canlynol:
Glywist Ti Hon?, Pwyllgor Cyhoeddiadau Bro Cangen Dyffryn Ogwen
o Fudiad Adfer 1976, Cyhoeddiadau Mei 1977
Hiwmor y Chwarelwr, J D Evans, Cyhoeddiadau Mei 1977
Hiwmor Dyffryn Nantlle, G J Williams a Iorwerth Thomas, Cyhoeddiadau Mei 1979
Hwyl Stiniog, Emrys Evans, Cyhoeddiadau Mei 1979
Cymeriadau Dyffryn Nantlle, Idwal Hughes, Cyhoeddiadau Mei 1980
Doniolwch Dyffryn Nantlle, Iorwerth Thomas, Cyhoeddiadau Mei 1982
Daeth tair stori hefyd o'r ysgrif *Ffraethineb ac Arabedd* yn *I Ddifyrru'r Amser*, Ifor Williams,
Llyfrfa'r Methodistiaid Calfinaidd 1959 (diolch i Ieuan Wyn am dynnu ein sylw atynt).
Diolch hefyd i Myrddin Williams a Ken Hughes am eu cyfraniadau.

ISBN 0 954 9581 7 9

Cynllun y clawr a'r cartwnau: Alan Jôs, Stiwdio 23, Caernarfon
Argraffu: WO Jones, Llangefni

Cyhoeddwyd gan
Llyfrau Llais
7 Stryd yr Wyddfa, Pen-y-groes, Caernarfon, Gwynedd LL54 6NG
01286 881158   llais@cymru1.net

Gwaith anferthol fyddai ceisio mesur cymaint fu cyfraniad y chwarelwr i ddatblygiad Cymru yn ystod y ganrif a hanner ddiwethaf. Fel yn ardaloedd glofaol y de, magodd y gymdeithas chwarelyddol genhedlaeth o bobl o gymeriad cadarn a dysgedig a hynny dan amodau tlawd a chaled iawn. Cyfrannodd 'gwŷr y graig' at gyfoeth diwylliannol, crefyddol, diwydiannol a gwleidyddol Cymru. Gall pob pentref chwarelyddol ymhyfrydu yn y nifer o blant a fagodd ac a ddaeth yn arweinwyr ein gwlad mewn llawer cyfeiriad.

Roedd pob pentref yn fwrlwm o ddiwylliant er gwaetha'r cyni. Gwelid brwdfrydedd ym mywyd y capel, undebaeth, corau, bandiau, cwmnïau drama, timau pêl-droed, pictiwrs a chwt biliards. O'r tyddynnod mân ar lethrau'r mynyddoedd a'r tai moel yn y pentrefi magwyd pobl oedd yn cynnal y bwrlwm cymdeithasol hwn. Soniwyd llawer eisoes am ddiwylliant y caban a'r gwrthdaro rhwng y gweithiwr a'r Mistar, neu'r Lord. Magwyd yn y bobl hyn, er gwaethaf y caledi, fath o hiwmor arbennig sy'n unigryw bron i ardal y chwareli. Ffraethineb a ddefnyddid yn aml i ddychanu'r caledi, y tlodi a'r creulondeb, gan weld rhyw ddoniolwch yng nghanol y trueni fel y stori am William Roberts Pantdreiniog wedi bod yn ddi-waith am fisoedd lawer, ac yr oedd hi wedi mynd yn bur fain arno. Un noson, gofynnodd Jane ei wraig iddo –

"Be gawn ni i swpar dwad, Wil?"

"Wn i ddim wir," atebodd, "os na ffrïwn ni'r ddau ornament 'na!"

Ymhlith y rhain, tyfodd cymeriadau ac adar brith oedd yn ffraeth a doniol gydag atebion parod a miniog fel cyllyll naddu yn taro i'r byw. Dyma'r math o hiwmor a geid bob dydd yn y chwarel, y dafarn a'r capel ac mae'n dal yno o hyd ymhlith y disgynyddion, os gwrandewch chi arnyn nhw.

Cefais lawer o hwyl yn darllen ac ailddarllen y straeon a bu'n bleser cael rhoi rhyw fath o lun a threfn arnyn nhw. Gobeithio y cewch chi ddarllenwyr yr un mwynhad.

Ifan Glyn

Roedd i bob ardal ei chymeriadau hynod. Pobl ddoniol a ffraethineb yn rhan naturiol o'u cymeriad a deuai perlau dros eu gwefusau bron bob tro y byddent yn siarad. Doedd dim angen neb i sgwennu sgript i'r rhain; roedd y doniolwch yn gynhenid ynddyn nhw. Mae sôn am y rhain yn dal yn eu bro ac maent bellach yn rhan o chwedloniaeth yr ardal, pobl fel Griffith Jones, Celyn, Deiniolen; Griffith Owen, Cena Bach, o Nantlle; Wil Rich yn Nyffryn Ogwen a Robin Cradog ym Mlaenau Ffestiniog.

Anaml yr adwaenid yr un chwarelwr wrth ei enw iawn. Gan fod yna gymaint yn cael yr un enw roedd 'na ddegau o John a Wil a Dic a Bob ym mhob caban a phonc ac felly, er mwyn gwahaniaethu fe roddwyd enw arall arnyn nhw; rhai ar ôl eu cartrefi, eraill ar ôl un o'u rhieni neu anifail ac roedd gan ambell un enw digon di-chwaeth ac mae'n debyg mai dyma sut y daeth yr arfer o roi glas enw ar rai.

Ond awn ymlaen i glywed rhai o'r perlau:

Gofynnwyd i Wil Rich i ba ysgol oedd o wedi bod.

  "Wel, mi fuais i Ysgol Gerlan ac i Ysgol Glanogwen ac i'r cownti sgŵl."

  "Fuoch chi'n y cownti, felly, Wil?"

  "'Mond i gario glo'n de."

Cafodd Wil ei yrru gan ei dad at stiward y chwarel i drïo cael gwaith.

  "Dowch i mewn," meddai'r stiward wedi i Wil guro'r drws.

  "Os gwelwch chi'n dda, Mr Green, dwi yma i chwilio am job."

"Hogyn pwy ydach chi?" holodd.

"Wel, hogyn Richard Davies Gerlan."

"Dwi'n 'i 'nabod o'n iawn. Wyddoch chi 'ngwas i, fyddwch chi byth yn sgidia'ch tad."

"Maen nhw am 'nhraed i rŵan," atebodd Wil.

Roedd Wil Rich yn cael bwyd yn nhŷ Ifan Ifas a dyna Mrs Ifas yn gofyn –

"Bechdan, Wil?"

"Os gwelwch yn dda," meddai Wil.

"Ar hyd y dorth?" gofynnodd Mrs Ifas.

"Ia, os gwelwch yn dda," meddai Wil, "ac yn ôl hefyd."

Roedd o unwaith wedi galw i weld Sali yn Ciltwllan ac wedi cael cynnig aros i gael rhywbeth i'w fwyta.

"Sut fyddwch chi'n licio ŵy wedi'i ferwi?" gofynnodd iddo.

"Efo un arall," atebodd Wil.

"Ydach chi'n licio tatws yn y popty, Wil?" gofynnodd Sali dro arall.

"Duw, na fydda," atebodd. "Ar blât fydda i'n eu licio nhw."

Aeth Wil i mewn i'r George Inn un diwrnod. Roedd yn mynd yno yn awr ac yn y man am botel

o frown êl, ond doedd y tafarnwr, Mathew Williams, ddim wedi ei weld ers peth amser. Edrychodd y tafarnwr arno.

"Duwcs, ti'n tyfu locsyn, Wil?" gofynnodd.

"Nac ydw," atebodd Wil. "Tyfu ei hun mae o."

Deryn a hanner oedd Robin Cradog oedd yn byw mewn tyddyn bychan o'r enw Bryn Eithin wrth odre'r Manod Mawr. I fynd i'w waith yn Chwarel Graig Ddu anelai am Fwlch Manod mor unionsyth ag y medrai trwy groesi ffridd yn perthyn i fferm gyfagos.

Yno, daeth wyneb yn wyneb â tharw'r fferm. Edrychai hwnnw'n fygythiol iawn; gostyngai ei ben a phwyai'r ddaear ag un o'i draed blaen.

Stopiodd Robin yn stond, rhwng dau feddwl beth i'w wneud. Yna galwodd y ffermwr arno ryw led cae oddi wrtho –

"Mae o'n ôl-reit ichi, Robin bach. Dydi o ond isio chwara efo chi."

"Sgin i ddim amsar i chwara efo fo," gwaeddodd Robin yn ôl.

Y noson honno, roedd Robin ar ei ffordd adref ar hyd yr un llwybr a beth oedd yno ond llo bach. Rhoddodd Robin hergwd iawn i'r llo oddi ar y llwybr.

"Dos i ddeud wrth dy dad nad ydw i ddim yn foi i chwara efo fo'r diawl bach."

Un diwrnod, a Robin Cradog yn dod adref o'i waith ac yn troi am y ffordd a arweiniai am ei gartref, stopiodd car, a gofynnodd y gyrrwr iddo –

"*Can you tell me where I am?*"

"*In the car,*" oedd ateb parod Robin.

Ond cymerodd y gyrrwr ei sylw'n hwyl fawr a

rhoddodd hanner coron iddo – roedd hynny cystal â hanner stem [shifft] yr adeg hynny.

Un noson, roedd mab Robin yn methu cysgu. Y tu allan i ffenest ei lofft roedd nifer o gathod yn cadw sŵn, a galwodd ei fam arno o lofft arall –

"Be sy'n bod arnat ti, Robin? Pam na chysgi di?"

"Yr hen gathod uffar 'ma sy'n cwna," atebodd.

Griffith Owen o Nantlle, a adwaenid gan bawb fel Cena Bach, oedd un o hoff gymeriadau Dyffryn Nantlle.

Pan oedd yn cerdded i Dal-y-sarn poenid Griffith Owen gan blant fyddai'n gweiddi 'Cena Bach' ar ei ôl, a phenderfynodd yn y diwedd fynd i gwyno i dŷ'r plisman. Doedd hwnnw ddim gartref, felly adroddodd Griffith Owen ei gŵyn wrth y wraig.

Daeth rhai o'i phlant at y drws a phan welodd Griffith un ohonyn nhw, dywedodd wrthi fod hwnnw'n un o'r rhai gwaethaf am weiddi arno.

"Aeth y fam ati i geryddu'r plentyn. "Mae'n gywilydd i ti'r hen gena bach."

Gwylltiodd Griffith a dweud wrthi, "Diawl, dwyt titha fawr gwell."

Un pnawn roedd Cena Bach yn dod ar y bws o Gaernarfon ac roedd rhyw ddynes fawr dew yn eistedd wrth ei ochr. Roedd y bws yn llawn iawn a rhai yn sefyll. Daeth hen wraig i fyny yn y Bontnewydd, ac mi drodd y ddynes dew at Cena Bach –

"Tasa chi'n *gentleman,* mi fasach chi'n codi a gwneud lle i'r hen wreigan 'ma gael ista."

"Tasa titha'n ledi," meddai Cena wrthi, "mi fasat titha'n

codi a gwneud lle i dair gael ista."

Roedd Cena Bach ac RO yn cerdded am Nantlle a Cena Bach
wedi cael tropyn go lew. Pan oedden nhw gyferbyn â Llyn
Nantlle, gofynnodd Cena Bach i RO –
    "Duwch, be ydi'r bêl felan 'na sydd ar y llyn?"
    "Y lleuad ydi hwnna'r lembo gwirion!" atebodd RO.
    "Sut ddaeth o i fan'ma dywed?" gofynnodd Cena Bach.

Roedd Cena Bach yn disgwyl bws ym Mhen-y-groes i fynd
adref i Nantlle. Cyrhaeddodd y bws ac o dop y cerbyd dyma
wraig a babi ar ei braich. Yna ar ei hôl, daeth geneth, yna
bachgen, yna bachgen, geneth ac yn y blaen – naw i gyd.
    A dyma Cena Bach yn gofyn iddi – "Be sydd ganddoch
chi ar dop y bys yna, Musus, nyth?"

Arferai'r hen ffordd o Dal-y-sarn i Nantlle fynd heibio tafarn y
Nantlle Vale. Yma'r arferai Cena Bach fynd i gael peint nes aeth
hi'n ffrwgwd rhyngddo a'r perchennog.
    Ni âi yno wedyn, a dyma'r pennill a ddyfynnai wrth fynd
adref wedi agor ffordd newydd o'r orsaf heibio i Ddôl Bebin a'r
Ffridd –
    "Ffordd newydd wnaed gan Iesu Grist,
    I basio heibio uffern drist."

Bu farw William Griffith, Dorothea, stiward y chwarel ers
blynyddoedd, ac roedd y chwarelwyr a phlant yr ysgol wedi
sefyll y ddwy ochr i'r ffordd yn ystod ei gynhebrwng – ac yn eu
canol roedd Cena Bach, er nad oedd hi wedi bod yn rhy dda
rhwng y ddau ers blynyddoedd.
    Yn sydyn, stopiwyd yr hers wrth fynd dros yr hen

reilffordd ger gorsaf Tal-y-sarn, a dyma Cena at yr hers ac edrych ar yr arch. Trodd at y chwarelwyr, ac meddai –

"Dyn mor fawr mewn bocs mor fychan …"

Un diwrnod dywedodd Wil Owen Stabla wrth Cena Bach –

"Pan oeddwn i'n mynd adra neithiwr pwy ddyliat ti oedd yn sefyll wrth yr hen Blas ond John!" Ond roedd John wedi marw ers rhai blynyddoedd.

"Gest ti sgwrs ag o?" gofynnodd Cena Bach.

"Naddo, ond dwi'n siŵr mai fo oedd o – roedd ganddo siwt dywyll a het galed."

"Oedd y wraig efo fo?"

"Duw, nag oedd," meddai Wil.

"Dim y fo oedd o felly," meddai Cena Bach. "Fyddai John byth yn mynd i unman heb y wraig."

Weithiau mae'r un stori i'w chael mewn mwy nag un ardal fel honno am Robin Jones, Ceunant, Llanrug, a Twm George, Nantlle, dd'wedodd wrth stiward am fynd i uffern a chreigiwr yn Chwarel yr Oakley'n dweud wrth Mr Roberts y prif oruchwyliwr "Go to Hell!" Cawsant eu hanfon i'r brif swyddfa at y rheolwr i dderbyn cosb am regi, ond cawsant faddeuant ar yr amod eu bod yn mynd yn ôl at y stiward ac yn ymddiheuro.

Gwnaethant felly, a chyfarch y stiward fel hyn –

"Mr …" meddent wrtho, "mi ddywedais wrthych chi am fynd i uffern ddoe."

"Do siŵr, do siŵr," meddai'r stiward.

"Wel, does dim isio chi fynd rŵan."

Dechreuai gwaith y chwarel yn blygeiniol – haf a gaeaf, ac nid hawdd oedd hi i rai gyrraedd mewn pryd.

Roedd Wil Rich yn aml yn hwyr yn cyrraedd y chwarel yn y bore. Roedd yn mynd i fyny un o'r gelltydd yn y chwarel pan welodd y stiward o o'r gwaelod, a dyma hwnnw'n gweiddi arno –

"William! William!"

Trodd Wil rownd a gweiddi'n ôl –

"Dwi ddigon ar ôl fel mae hi – heb i chi ddechra gweiddi arna i."

Dro arall roedd Wil eto'n hwyr, a dyma'r stiward yn gofyn iddo –

"Lle goblyn ti wedi bod rŵan, William?"

"Chwanag o deulu," meddai Wil.

"Wel, be gest ti? Hogyn 'ta hogan?"

"Duw, ches i ddim amsar i sbïo," atebodd Wil, "ro'n i mor hwyr."

Roedd cymeriad o Dregarth yn gweithio yn Chwarel y Penrhyn ac yn dal y trên bach i'w waith, a byddai ei fam yn gweiddi arno i godi bob bore. Roedd y trên yn cychwyn am hanner awr wedi chwech o'r Cei yn y Felinheli ac wedyn yn stopio yn Cotwal, yn Felin Gerrig, yn Nhy'n Lôn, yn Nhregarth ac yng Ngherrig Llwydion.

Roedd hi'n chwibanu cyn stopio fel bod pawb yn ei chlywed hi, gan gynnwys mam Joni.

"Ty'd o'na, Joni, ma'r trên yn Cotwal," gwaeddai un bore.

"Ol reit, ddo i rŵan."

"Wel ty'd, Joni, ma'r trên bach yn Felin Hen," meddai ychydig wedyn

"Ddôi rŵan."

"Joni, ty'd o'na, ma'r trên yn Ty'n Lôn."

"Ol reit, ddo i rŵan."

"Joni, brysia, ma'r trên bach yn Nhregarth."

"Wel, cerwch efo hi i'r diawl ta."

Roedd Gruffydd William yn gweithio yn Chwarel y Lord yn Stiniog a byddai yntau'n hwyr yn dod at ei waith yn bur aml.

Un bore gwyntog, ac yntau wedi colli ei het fwy nag unwaith ar y ffordd i'w waith, ac yn hwyrach nag arfer arno'n cyrraedd, dywedodd y goruchwyliwr wrtho –

"Dos yn dy ôl, Gruffydd, i ailgychwyn a thrïa ddwad at dy waith mewn pryd fory."

"Na wna i, myn diawl," oedd ateb Gruffydd, "mi fues i mewn digon o fyd yn dwad yma heddiw."

Nid Gruffydd William oedd yr unig un yn dod yn hwyr i'w waith yn Chwarel y Lord, ond oherwydd fod un o'r chwarelwyr eraill yn perthyn i'r goruchwyliwr mi gafodd ei wneud yn stiward.

Ymhen amser, ac yntau wedi gweld Gruffydd William yn dod i'w waith yn hwyr sawl tro, gofynnodd y stiward iddo –

"Pryd wyt ti am ddod i dy waith mewn pryd, Gruffydd?"

"Pan ga'i fy ngwneud yn stiward," atebodd.

Cerdded yn ôl ac ymlaen i'r chwarel wnâi'r rhan fwyaf cyn dyddiau'r bysus, taith a gymerai'n aml hyd at ddwyawr. Un bore, roedd Griffith Jones, Celyn, Deiniolen, wedi cysgu'n hwyr – peth go od yn ei hanes. Tra oedd yn brysio i'r gwaith, daeth llefnyn heibio ar ei feic modur.

"Neidiwch i fyny, Griffith Jones," meddai, "mae hi'n hwyr."

"Na, dim diolch yn fawr," meddai'r hen frawd. "Mae'n well gen i fod Griffith Jones yn ddiweddar na'r Diweddar Griffith Jones."

Roedd yna amrywiaeth o orchwylion yn y gwahanol chwareli, a'r rheiny'n aml yn rhoi cyfle i'r chwarelwyr ddangos eu dawn am ddywediadau sydyn a bachog.

Roedd Robat Jones, Maes Meddygon, neu Chris fel y gelwid o, yn hollti llechi ac roedd ganddo jermon i naddu'r llechi iddo. Roedd hi'n bwysig iawn i'r llechi fod yn dwt ac yn sgwâr, ond daeth cwyn gan y stiward fod y cerrig yn gam.

Neidiodd Chris i'r drafael a naddodd lechen ei hun, ond pan edrychodd arni, gwelodd fod hon yn fwy cam nag eiddo'r jermon.

I ddod dros yr anhawster, cododd y llechen i fyny a golwg sarrug arno –

"Yli di," meddai, "fel 'na'n union rwyt ti'n naddu'r llechi 'ma."

Yn y dyddiau cyn i'r peiriant tyllu ddod i'r chwarel, defnyddid erfyn a elwid yn *jumper* i dyllu'r graig. Un arwydd o fedr creigiwr wrth ei waith oedd, pan ddechreuai dwll efo'r *jumper,* y byddai'n taro'r un man fel na fyddai ceg y twll yn fawr ac yn flêr.

Roedd un cymeriad tawel wrthi un diwrnod yn ei agor [sef ei ran o o'r chwarel] yn tyllu efo *jumper,* pan ddaeth stiward, oedd heb fod yn ei swydd ond ychydig o amser, heibio iddo a dweud yn feirniadol –

"Mae ceg y twll yna'n fawr iawn gin ti."

"Hidiwch befo," oedd ateb tawel y creigiwr, "mae hi'n reit ddistaw."

"Mae'r hogiau yn cael cerrig gwael y mis yma. Mae'r sièd wedi cau efo slings o Twll Bach, Tal-y-sarn, ac mae'n rhaid gwneud rhywbeth yn ei gylch o," meddai'r stiward. "Yn fuan iawn mi fydd y lle 'ma wedi cau fel na fedrith neb ddod i mewn i'r sièd. Oes rhywun â rhyw syniad?"

A dyna Wali yn dweud wrtho, "Be am ofyn i hogia'r twll i'w roi o'n ôl yn y graig tan ddechrau'r flwyddyn?"

Roedd hi'n arferiad, flynyddoedd yn ôl, yn Nyffryn Nantlle, i rai o'r gweithwyr weithio ar yn ail – yn y twll am fis, am fis wedyn yn y sièd, ac yn y blaen. Roedd un hen gymeriad wedi bod yn y sièd am fis a phan ddywedwyd wrtho am fynd i'r twll, gwrthododd. Bu raid iddo fynd o flaen y dyn mawr i'r offis, a gofynnodd hwnnw beth oedd y rheswm. Atebodd yntau nad oedd o'n teimlo'n dda.

"Wel, mi fydd yn rhaid i chdi fynd i'r twll ryw ddiwrnod," meddai'r stiward.

"Yr unig dwll y gweli di fi'n mynd iddo fo fydd hwnnw â'r ddau lygad 'ma wedi cau."

Roedd tri chreigiwr wedi bod yn llnau hen ochr beryg. Erbyn hyn, roedden nhw wedi dod i'r gwaelod i gael golwg ar y lle, ac meddai un, gan ddangos lle'r oedd y graig yn rhydd –

"Mae arna i ofn mai i lawr y daw o, Dic."

"Wel, ia," meddai Wali, oedd yn sefyll wrth ei ymyl, "eith o ddim i fyny, dwi'n siŵr."

Roedd un o'r chwarelwyr wedi cael gwell swydd yn y chwarel ac wedi mynd yn dipyn o ŵr mawr. Cerddodd drwy'r sièd un diwrnod ac meddai wrth un o'r chwarelwyr –

"Mae gen i boen yn fy 'sgwydda. Be ti'n feddwl sy'n bod?"

"O," meddai'r chwarelwr, "dy ben di sydd wedi mynd yn rhy fawr!"

"Chwilio am waith 'dw i," meddai dyn wrth y clerc yn offis chwarel Dorothea.

"Fedri di ddechra ddydd Llun nesaf?" gofynnodd y clerc.

"Medraf."

"Be ydi d'enw di?"

"Joseff."

"Lle wyt ti'n byw?"

"Yn Nasareth [uwchben Llanllyfni]."

"Mi fydd raid i ti ddechra efo'r ceffyl sydd yn tynnu'r wagenni yn y sièd," meddai'r clerc. "Does gynnon ni ddim mul yma!"

Roedd Thomas Williams o Ddeiniolen wedi cael y gwaith o godi wal gerrig ar bonc y chwarel, ond nid oedd y wal i fyny â'r safon o bell ffordd a bu raid ei chondemnio.

Daeth yr inspector i'w gweld a gofynnodd –

"Pwy fu'n codi'r wal yma?"

A dyna Thomas yn ateb fel ergyd o wn – "Y *Romans*, syr."

Roedd Huw Bach Bethel yn tynnu wagen fawr gerfydd ei ddwylo o'r tu ôl iddo a chetyn yn ei geg yn mygu fel stemar. Daeth David Evans y stiward heibio, ac meddai wrth Huw –

"Petai'r Bod Mawr wedi meddwl i ti fygu fel 'na, Huw, mi fyddai o wedi rhoi corn ar dy ben di."

"Wel," meddai Huw, "petai wedi meddwl i mi dynnu'r wagenni 'ma fel hyn, mi fasa wedi rhoi bachyn ar fy nhin i."

Doedd dim y fath beth â phensiwn i'w gael yn y chwareli yn yr hen amser a byddai rhai'n gweithio nes y bydden nhw'n bedwar ugain oed. Gan fod Robat Jones yn dechrau mynd i oed, meddyliodd am gael gwaith ysgafnach a chlywodd fod Bandmaster Deiniolen yn bwriadu mynd o'r chwarel. Aeth Chris at yr *overlooker* a gofyn am le'r gŵr hwnnw. Ac meddai hwnnw wrtho –

"Wel, Chris annwyl, doedd y bandmaster yn gwneud y nesa peth i ddim."

"Dyna jest y peth rydw i wedi bod yn chwilio amdano ers talwm," meddai Chris.

Cyflog bychan iawn oedd cyflog y chwarel, ac roedd hynny'n achosi sawl dadl rhwng y chwarelwyr a'r stiwardiaid. Ar ddydd Sadwrn y bydden nhw'n talu cyflog ar un amser, a'r hogia'n cael eu harian mewn rhyw dun crwn.

Un diwrnod roedd Wil wedi cyfri ei arian a gweld ei hun heb gael digon. Roedd yn fyr o bunt. Felly i'r offis ag o ac i weld y rheolwr.

"Beth sy'n matar, William?" gofynnodd.

"Wedi cael rhy fychan o bres," atebodd Wil.

"Bobol bach," meddai'r rheolwr, "dowch i mi gael eu gweld nhw."

A dyma fo ati i'w cyfri, a chwythu ar ddau bapur punt oedd wedi glynu wrth ei gilydd."

"Dew, Mr Davies," meddai Wil, "daliwch i chwythu, daliwch i chwythu …"

Cymeriad ffraeth o Ddyffryn Ogwen oedd Twm George. Ar ddiwedd mis yn y chwarel byddai'r stiward gosod yn dod rownd i osod am y mis, ac os byddai unrhyw un wedi gwneud dipyn go lew o gyflog, mi fyddai'n eu tynnu i lawr. Roedd Twm George wedi rhoi brws llawr ar ei ben yn y fargen (sef y rhan o'r chwarel yr oedd ganddo yr hawl i'w gweithio) a chot amdano, lwmpyn ar ei ben a het ar ben hwnnw. A dyma'r stiward gosod yn dod heibio.

"Wel, Tomos, sut ydach chi'r mis yma? Ydy petha'n mynd yn o lew?"

"Digon drwg," atebodd Twm.

"Wel, yn ôl y llyfr, rydach chi wedi gwneud cyflog bach reit ddel. Mae arna i ofn fod rhaid imi eich tynnu i lawr."

"Mae hi'n anodd iawn byw," meddai Twm, "heb i chi fy nhynnu i lawr."

"Wel, mae'n rhaid i mi neud, dyna ofynion yr oruchwyliaeth. Rhaid imi ufuddhau iddyn nhw."

"Wel, ylwch," meddai Twm, gan gyfeirio at y bwgan brain yr oedd newydd ei wneud, "rhowch lai iddo fo, mae'n haws iddo fo fyw na fi."

Rhyw ddiwrnod roedd Griffith Jones ar y clogwyn ynghlwm wrth raff a'i drosol hir yn tynnu'r graig i lawr. Daeth stiward gosod heibio a dacw fo'n estyn ei lyfr a'i bensel – a'i fusnes, wrth gwrs, oedd ceisio tynnu pris y gontract i lawr.

"Griffith Jones," meddai, "beth ydach chi'n ei wneud ar y top 'na?"

"'Run peth â chitha," meddai Griffith Jones, "tynnu i lawr."

Roedd labrwr yn gweithio yn un o chwareli Stiniog ac yn cael ei dalu wrth y dydd. Un diwrnod, aeth at y rheolwr i ofyn am godiad yn ei gyflog.

"Rwyt ti'n cael safon yr undeb yn barod," atebodd y rheolwr.

"Ond ma' gin i saith o blant," meddai'r labrwr.

"Ella wir, ond dydi hi ddim yn iawn iti ofyn i'r cwmni dalu am dy bleser di."

Un diwrnod aeth Wil Evans i'r offis i ddadlau â'r clerc am ei gyflog. "Rwyt ti wedi dal dwy bunt yn ôl o 'nghyflog i y tâl mawr dwytha, ac mi rwyt ti'n deud dy fod ti am ddal teirpunt ddydd Gwener nesa eto?"

Ar hyn, cerddodd llanc ifanc i mewn, un oedd wedi cael damwain yn y chwarel fisoedd ynghynt.

"Sut wyt ti'n teimlo?" gofynnodd y clerc.

"Wel," meddai'r bachgen, "mae'r doctor yn dweud y ca i ddechra ar waith ysgafn."

Trodd y clerc at Wil a gofyn iddo, "Oes gen ti job go ysgafn iddo fo?"

"Oes, mi fydd gen i un iddo ddydd Gwener. Tyrd draw i'r offis 'ma cyn caniad a mi gei gario 'nghyflog i adra."

Wedi bod yn chwarel Penyrorsedd am beth amser, penderfynodd John Owen, neu Sionyn fel y câi ei alw, fynd i rywle arall i chwilio am waith oedd yn talu'n well. Ond wedi peth amser, daeth awydd arno i ddychwelyd i'r chwarel i weld ei hen gyfeillion. Un o'r rhai cyntaf iddo gyfarfod oedd Evan

Parry, y stiward.

"Lle'r ydach chi wedi bod erstalwm, John Owen?" holodd Evan Parry.

"Byw ar y pres wnes i ym Mhenyrorsedd 'ma," atebodd Sionyn.

Ond nid pawb oedd yn gweithio'n galed yn y chwarel. Ceir sôn am griw o chwarelwyr yn gweithio yn un o'r chwareli uwchben Rhosgadfan. Roeddent wedi trefnu i bob un yn ei dro orffen yn gynnar bnawn Gwener a sleifio i lawr un o'r nifer o lwybrau oedd yn mynd i lawr y mynydd.

Tro John Jones oedd hi'r wythnos honno, a dewisodd lwybr y gobeithiai y byddai allan o olwg y stiward.

Ac yntau'n cerdded yn hamddenol i lawr am y pentref, pwy welai ond y stiward yn disgwyl amdano ar waelod y llethr.

"Mynd adref, John Jones?" gofynnodd hwnnw.

"Wel, ro'n i wedi meddwl – ond dwn i'm lle uffar a' i rŵan."

Roedd y chwarelwyr yn wynebu peryg bob dydd yn y gwaith, ac yn wir wedi dod i ddygymod â'r sefyllfa cystal fel eu bod yn gallu cymryd sawl digwyddiad yn ysgafn.

Roedd un o'r chwarelwyr wedi brifo a hwnnw yng ngwaelod un o'r tyllau. Bu raid anfon am y meddyg a'i roi mewn wagen i fynd i lawr i'r twll. Gyda'r meddyg yn eistedd yn y wagen, gofynnodd un o'r chwarelwyr iddo –

"Pe bai rhywbeth yn digwydd i chi wrth fynd i lawr, Doctor, pwy ydy'ch doctor chi?"

Ond cyn iddo ateb, dyma lais o'r tu ôl iddo –

"Fydd dim angen doctor arno, 'machgen i – dim ond sach i'w hel yn y gwaelod."

Cafwyd damwain ddifrifol un tro a dyn wedi torri ei ddwy goes ar ôl i ddarn o graig syrthio arno. Rhedodd un o'i gyd-chwarelwyr ato a phan welodd ei fod wedi torri'r ddwy goes, meddai wrtho –

"Aros di'n fan'na a phaid â symud nes ca i help!"

Roedd un o'r chwarelwyr wedi cael anaf go hegar wrth weithio ar y graig, ac yn gwaedu'n drwm. Trodd ei bartner ato a dweud –

"*Beetroot* i ginio eto heddiw, Wil?"

Roedd yr hogia wrthi'n cael cinio yng nghaban Dorothea pan ddaeth Huw Charles i mewn a gwaed ofnadwy ar ei law chwith.

"Slap heibio," meddai un o'r hogia. "Ew, mi rwyt ti'n un blêr. Rhaid i ti gael pen mwy."

"Ia," meddai Huw, "mi ddof i nôl menthyg dy ben di'r tro nesa."

Roedd Now John Lord yn creigio ar ochr y graig yn chwarel Gallt y Fedw, Dyffryn Nantlle, a dau ar y top yn dal rhaff iddo. Gofynnodd Now am ragor o slac er mwyn iddo gael mynd yn is i lawr. Ar ôl cael slac roedd wedyn o dan blyg go fawr, ac o olwg yr hogia ar dop y twll. Dyna Now yn gweiddi am ragor eto o slac ac yna wedyn a wedyn, ond doedd Now yn symud dim gan nad oedd yn gallu gweld fod y rhaff yn clymu am bilar oedd wrth ei ben a dyna lle'r oedd slac y rhaff i gyd.

Pan roes Now fwy o bwysau ar y rhaff, rhedodd y slac oddi ar y pilar a dyma fo'n syrthio i lawr rai llathenni.

Clywodd un o'r hogia dwrw llithro oddi tanyn nhw, a dyma weiddi –

"Wyt ti isio rhywbeth, Now?"

"Oes – trôns glân!"

Pan oedd Robin Cradog yn gweithio yn y Top yn chwarel Graig Ddu cafodd ddamwain, ac fe'i cariwyd o ar stretsiar i lawr tair inclên a hyd at o fewn rhyw ddeg llath ar hugain i'w gartref. Trodd at y rhai oedd yn ei gario –

"Well i chi fy rhoi i lawr rŵan, hogia. Mi gerdda i o fa'ma. Dyna ydi'r gora. Tasa Meri'n meddwl 'mod i wedi marw, mi fasa'n fy lladd i.

Yr arferiad yn y chwarel fyddai tyllu'r graig â morthwyl ac ebill. Roedd bachgen ifanc wedi bod wrthi'n tyllu ar gyfer tanio, ond oherwydd nad oedd ganddo lawer o brofiad roedd wedi taro ei law sawl gwaith. Gwelodd y mistar fod gwaed ar ei ddwylo.

"Mae golwg ar dy fysedd di, Jac," meddai wrtho.

"Wel, oes," atebodd y bachgen, gan ddangos ei ddwylo. "Dudwch i mi, Mr Griffiths, ydach chi'n meddwl y galla i chwara'r piano efo'r rhain?"

"Dydw i ddim yn gweld pam lai," meddai Mr Griffiths.

"Duw, rhyfadd iawn," meddai'r bachgen. "Fedrwn i ddim cynt."

Roedd chwarelwr wedi cael damwain yn y twll ym Mhenyrorsedd – darn o graig wedi ei daro yn ei ben. Wedi iddo fendio'n reit dda, cafodd ei alw at y twrnai ynglŷn â iawndal. Dechreuodd y twrnai ddarllen papur oedd o'i flaen.

"Hyn a hyn o arian gan y chwarel i chi, a wedyn hyn a

hyn o gostau cyfreithiol i minnau – ac mae hynny'n gadael y swm a'r swm ar ôl i chitha."

Dechreuodd yr hen chwarelwr grafu ei ben, a gofynnodd y twrnai iddo beth oedd yn bod.

"Diawl," meddai. "Mae'n anodd iawn deud pwy gafodd ei daro gan y darn craig 'na – chdi 'ta fi."

Un bore gwyntog iawn yn Chwarel Dorothea, chwythwyd het galed un o'r stiward dros ochr y boncan ac i lawr ac i lawr â hi.

"O be 'na i," meddai, "ma'n het i wedi mynd i lawr ac i lawr ac i lawr ..."

"Diolchwch nad oeddach chi ynddi hi!" meddai un o'r chwarelwyr.

Diwrnod cynhyrfus iawn oedd y diwrnod cyntaf yn y chwarel i lanc ifanc. I lawer roedd yn wireddu breuddwyd gan mai uchelgais llawer un oedd dilyn ei dad a'i daid i'r chwarel. Ond fe allai fod yn ddiwrnod peryglus hefyd gan y byddai llawer yn manteisio arnynt.

Roedd bachgen newydd ddechrau yn y chwarel ac wedi cael ei anfon at un o'r hen chwarelwyr. Y peth cyntaf ddywedodd y bachgen oedd –

"Mae 'Nhad yn dweud am i mi fod yn ofalus o be ydw i'n 'i wneud, fod 'na lawar o dricia yn mynd ymlaen yma."

"Ia'n wir, 'y ngwas i, roedd dy dad yn iawn. Tria ditha gofio be ddeudodd o."

"Mi wna i," meddai'r bachgen.

"Gwranda rŵan," meddai'r her chwarelwr. "Y peth cynta fydd isio ti 'i wneud y bore yma ydy mynd i'r efail a gofyn i'r gof wneud ebill deudwll iti [sef erfyn nad oedd yn bodoli]."

Roedd y stiward eisiau sampl o lechen i'w dangos i brynwr. Gwelodd fachgen ar y bonc, aeth ato a meddai –

"Dos at Wil Evans a gofyn iddo fynd i nôl *queen* i mi." [Byddai gan y chwarelwyr wahanol enwau ar wahanol feintiau o lechi – *queen, duchess, double* bach, *ladies* ac yn y blaen.]

Pan aeth y bachgen at Wil Evans, anfonwyd o i'r stablau ac aeth â Queen y gaseg at ddrws yr offis!

Roedd llefnyn newydd ddechrau gweithio yn y chwarel, ond doedd o'n gwneud dim ond chwarae, ac roedd y dyn oedd yn ceisio ei ddysgu wedi cael llond ei fol arno. Un bore daeth y bachgen i'r gwaith a'r peth cyntaf roedd angen ei wneud oedd rhoi carreg ar y bwrdd llifio.

"Mae Mam yn deud 'mod i'n gweithio'n rhy galed, a bod 'nillad i'n llwch llechi bob dydd ar ôl bod yn y chwarel," meddai'r bachgen.

"Mae dy fam yn deud y gwir fod dy ddillad di yn llwch llechi," meddai'r hen chwarelwr. "Ond wnest ti ddeud wrthi mai wrth orwedd roeddat ti'n hel y llwch?"

Roedd amryw o fechgyn wedi gadael yr ysgol ac wedi dechrau gweithio yn chwarel Penyrorsedd, Dyffryn Nantlle. Yn eu mysg roedd Dafydd Gorlan Lwyd, oedd ddim yn or-hoff o waith y chwarel. Un bore, roedd Dafydd a thri arall wedi cysgu'n hwyr a phan gyrhaeddwyd y chwarel roedd y stiward yn eu disgwyl.

"Lle rydach chi'n meddwl mynd, hogia?"

"At ein gwaith," meddai'r pedwar.

"Amsar yma o'r dydd?" gofynnodd y stiward gan droi atyn nhw a dweud – "Y chi'ch tri – am adra. Titha, Dafydd, am dy waith. Mae hynny'n fwy o gosb arnat ti."

Dioddefodd llawer i weithiwr da a chydwybodol lid a gwawd y stiwardiaid. Pobl oedd y rhain oedd wedi codi (neu ddisgyn) i'r swydd fel arfer drwy berthyn i neu fod wedi cynffonna'r goruchwylwyr. Nid oedd gan y chwarelwr fawr o barch at y rhain a pharod iawn oeddan nhw i ddangos hynny.

Roedd yna fachgen yn y chwarel yr oedd yn gas ganddo'r Mistar. Doedd pethau ddim wedi bod yn dda rhyngddyn nhw ers blynyddoedd. Doedd dim llawer o waith i'w wneud yn y chwarel, a galwyd arno a dyn arall i'r offis un bore. Roedd eisiau i'r ddau fynd i dŷ'r Mistar i dwtio 'chydig ar lofft wag oedd yno. Aeth y ddau at y drws ac yno roedd y forwyn.

"Tynnwch eich sgidia," meddai, ac meddai'r bachgen yr oedd yn gas ganddo'r Mistar – "Tynnu fy het iddo ar y ffordd, tynnu fy sgidia i fynd i'w dŷ, a thynnu'r cyrtans pan fydd y diawl wedi marw."

Roedd un o'r ysgolion oedd yn mynd i lawr i'r twll wedi cracio ac yn beryg iawn. Ar hyd y rhain y byddai'r chwarelwyr yn mynd i fyny ac i lawr i'r twll ac roedd yn bwysig eu bod mewn cyflwr da. Aeth un o'r hogia i ddweud am ei chyflwr wrth stiward y chwarel.

"Deud wrth y saer am ei thrwsio," meddai'r stiward. "A deud wrtho am beidio bod yn rhyw barticiwlar iawn er mwyn iddo gael gorffen y cwt cwningan mae o yn ei wneud i'r mab 'cw."

Roedd dau neu dri o fechgyn ifanc oedd yn gweithio yn Chwarel Dorothea yn y capel un nos Sul, ac yn siarad ac yn chwerthin. Ond pwy oedd yn y sêt fawr ond stiward y chwarel.

Fore trannoeth galwyd un o'r bechgyn i'r offis ac meddai'r stiward wrtho –

"Oes gen ti ddim cywilydd yn achosi cymaint o dwrw yn y capel neithiwr?"

"Nid fi oedd wrthi," atebodd y llanc.

"Paid â dweud celwydd," meddai'r stiward. "Wyt ti'n meddwl nad oeddwn i'n dy weld ti?"

"Duw mawr!" meddai'r bachgen. "Roedd 'rhen fachgen 'y nhad yn iawn. Mi ddeudodd wrtha i pan oeddwn yn dechra yn y chwaral. 'Gwylia di'r stiward yna, mae ganddo lygaid yn ei din!'"

Roedd cyngerdd yn Neuadd Tal-y-sarn a llawer o chwarelwyr yno. Cafwyd ymddiheuriad gan y cadeirydd, sef stiward y chwarel, na allai fod yn bresennol, a chyhoeddodd yr arweinydd ei fod, er hynny, wedi rhoi rhodd deilwng iawn.

Ac meddai un hen chwarelwr yn y gynulleidfa –

"Biti na fasa fo'n rhoi rhodd deilwng i ni ar ambell bnawn Gwener."

Roedd Ted wedi mynd â blodau ar fedd ei fam ym mynwent Penygroes, ac roedd yn chwilio am bot i ddal y blodau pan ddaeth stiward y chwarel heibio.

"Be ti'n 'neud?" gofynnodd stiward. "Chwilio am le i gael dy gladdu?"

"Wel, mi ddyweda i un peth wrthat ti," meddai Ted. "Os na fyddi di'n cael ffan yn y sièd yn o fuan, fydd yna le yma i neb."

Roedd dau ddyn yn gwthio wagen â'i llond o faw o dop y twll i'r domen. Arferiad un fyddai ei gwthio â'i gefn, a'r llall â'i freichiau. Pan oedden nhw bron ar dop y domen, gwelodd y stiward nhw ac aeth atyn nhw –

"Dwed i mi, Wil," meddai. "Pam dy fod ti'n gwthio'r wagen efo dy gefn?"

"Am fod yn gas gen i weld y diawl," atebodd.

Roedd bachgen newydd ddechrau gweithio yn y chwarel a'r stiward yn ceisio'i hyfforddi gyda'i waith ond yn cael fawr o hwyl arni. Pwy basiodd heibio ond yr hen Gelyn.

"Griffith Jones," meddai'r stiward, "dydi hwn yn da i ddim byd, ydach chi'n meddwl medrwn ni wneud rhywbeth ohono?"

"Medrwch. Mi wnaiff stiward iawn."

"Roeddwn i'n clywed fod y mab yn gwneud yn dda yn yr ysgol," meddai stiward wrth Gwilym.

"Wel, ydi. Dyna ddywedodd y prifathro."

"Efallai y bydd lle iddo yn yr offis 'ma," meddai'r stiward.

"Dyw, ydach chi'n mynd i roi'r gora iddi?" gofynnodd Gwilym.

Roedd Cena Bach yn cydgerdded â dyn arall o offis y chwarel ar ôl bod yn chwilio am waith. A phwy ddaeth i'w cyfarfod ond stiward y chwarel a chi bychan heb bwt o gynffon ganddo.

Ac meddai Cena wrth y ci – "Ty'd yn d'ôl, boi, chei di ddim gwaith yn y fan yna. Does gen ti ddim cynffon [hynny yw, ond y rhai oedd yn crafu â'r stiward oedd yn cael gwaith].

Byddai llawer o ddynion o Sir Fôn yn dod i'r chwareli i chwilio am waith a phan holid a allent wneud unrhyw fath o waith yr ateb bob amser fyddai, "Medra", a dyna pam y cyfeirir at Fôn hyd heddiw fel 'Gwlad y medra'. Yn anffodus doedd pobl y tir mawr ddim yn eu cymryd o ddifri …

Roedd dyn yn paratoi i fynd i lawr i dde Cymru i weithio yn y pyllau glo; roedd wedi gwisgo ei ddillad gorau ac wedi bod yn yr offis i ffarwelio. Wrth ddod o'r offis, gwelodd ddyn yn sefyll wrth ben y twll ac aeth ato am sgwrs a gofyn iddo –
"Chwilio am waith wyt ti?"
"Ia," meddai. "Dwi wedi dod o Sir Fôn. Mi welis i chi'n dwad o'r offis. Un o'r stiwardiaid ydach chi?"
"Y fi ydy bòs y chwarel," atebodd yn gellweirus.
"Duwch annwyl, mi rydw i wedi bod yn lwcus, felly. Oes gobaith am waith yma?"
"Wel aros i mi gael gweld; weli di'r ddau greigiwr acw ar ochr y graig?"
"Gwelaf," meddai'r dyn o Fôn.
Edrychodd y llall ar ei wats ac meddai –
"Wel, mi fydd un o'r rheina wedi ei ladd cyn deuddeg o'r gloch ac mi gei di ei job o!" A dyna'r olaf a welwyd o'r dyn o Sir Fôn.

Roedd chwarelwyr Sir Fôn yn cychwyn yn gynnar iawn, tua thri o'r gloch y bore, yn cerdded o bentrefi fel Dwyran a Brynsiencyn at fferi Moel y Don a chroesi i Gaernarfon neu'r

Felinheli ac aros am wythnos mewn hen faricsod oer, tan ddiwedd yr wythnos. Yn wir roedd cymaint o rai o Sir Fôn wedi dod i fyw ac i weithio i'r ardal fel y cafodd Deiniolen y llysenw Llanbabo ar ôl pentref ar yr ynys. Yn y baricsod, byddai'r dynion yn trefnu eu bwyd eu hunain, ac yn y cyfnod hwnnw, roedd Sir Fôn yn enwog am ei moch da, a dyna mae'n debyg pam y câi'r trigolion eu hadnabod fel Moch Môn.

Un bore daeth dyn o Lanberis heibio i'r barics, ac roedd ogla hyfryd cig moch dros bob man. Arhosodd wrth ddrws un o'r baricsod.

"Bobol annwyl," meddai, "ydach chi'n bwyta'ch gilydd yma, hogia?"

A bu raid iddo ffoi am ei fywyd oddi yno.

Nid i Ddeiniolen yn unig yr âi hogia Sir Fôn i chwilio am waith. Roedd un wedi mynd i Awstralia ac wedi treulio blynyddoedd yno ac wedi dipyn o beth mi ddechreuodd ei feddwl ballu. Roedd hiraeth mawr arno am Gymru ac un diwrnod wrth rodio ar ffarm yn Awstralia, gwelodd ddafad Gymreig. Llwyddodd i gael gafael ynddi a'i hanwesu.

"Dafad fach o Gymru," meddai wrthi, "pa bryd y daethost ti yma?"

"Me-e," meddai'r ddafad.

"Dyna beth rhyfedd," meddai'r hen frawd, "yn *June* y dois inna yma hefyd."

Roedd llawer yn symud o Fôn oherwydd bod bywyd yn galed a chyflog yn fach ar y ffermydd. Doedd y bwyd fawr o beth yn aml chwaith. Dyma ddau was ffarm yn cyfarfod â'i gilydd.

"Lle rwyt ti wedi bod am yr holl fisoedd yma?" meddai un.

"Mi es am dymor i'r Hendre Fawr. Sôn am le gwael am fwyd. Lladdwyd rhyw hen ddafad yno, ac mi fuon ni'n bwyta *mutton* am ddyddiau. Ar ôl hynny, bu hen hwch farw, wedyn doedd dim diwedd ar gig moch. Ond, ymhen rhyw wythnos neu ddwy wedyn, bu farw'r hen ddynas, a dyma fi'n baglu oddi yno ar unwaith."

Nid gweithio yn y chwareli yr oedd pawb yn yr ardaloedd dan sylw. Roedd llawer yn cael bywoliaeth yn y ffermydd cyfagos.

Yn y dyddiau pan ddefnyddid ceffylau ar y ffermydd, cedwid olew yn y stabl ar gyfer iro'r gêr. Manteisiai'r gweision ar yr olew yma i'w roi ar eu sgidiau.

Daliodd un ffermwr ei was yn gwneud hyn a dywedodd wrtho –

"Wyt ti'n iwsio'n olew i i iro dy sgidia?" gofynnodd yn flin.

"Ydw," atebodd y gwas. "Efo'ch baw chi wnes i faeddu nhw."

Un o gymeriadau chwarel Penyrorsedd oedd Wil Owen Stabla. Fo oedd perchennog y ceffylau a dynnai'r wagenni llechi o'r chwarel i orsaf Tal-y-sarn. Roedd ganddo dri cheffyl; roedd ganddo hefyd ddefaid a byddai'r rheiny yn y chwarel yn fwy nag ar y mynydd.

Un diwrnod, roedd Wil yn y chwarel yn chwilio am ei ddefaid pan ddaeth y stiward heibio. Erbyn hyn, roedd Wil wedi cael ychydig o'r defaid ac yn eu gyrru adref.

Edrychodd y stiward ar y defaid a'u gwlân yn olew i gyd wedi bod yn rhwbio ar saim ac olew y wagenni, ac meddai –

"Deud i mi, Wil Owen, be maen nhw'n 'i 'neud efo

gwlân rhain?"

Ac meddai Wil, "Wel, dwn i ddim, fachgan, 'sna ydyn nhw'n g'neud cotia oel efo nhw."

"Wyddost ti be?" meddai RO wrth Wil Owen Stabla. "Mae un o'r defaid yna sydd gen ti yn mynnu dod i'r ardd acw."

"Sut wyt ti'n deud mai dafad yn perthyn i mi ydy hi? Sut ddafad oedd hi?"

"Marc glas ar y cefn a rhyw natur henc ynddi hi – effaith carchar [sef yr arferiad o glymu dwy goes dafad rhag iddi grwydro gormod], mae'n siŵr," meddai RO.

"Oedd hi'n ddafad fawr?" gofynnodd Wil.

"Oedd," atebodd RO.

"Ia, un o 'nefaid i ydi hi – mae hi'n goblyn am chwyn."

Yr oedd Wil Owen Stabla wedi prynu ceffyl newydd yn bartner i'r ddau arall oedd yn tynnu'r wagenni llechi o'r chwarel i'r orsaf. Rhoddodd Wil y ceffyl newydd yn y bôn, ond doedd o ddim yn byhafio yn rhyw dda iawn, a cheisiai basio'r ceffyl oedd o'i flaen.

Pan gyrhaeddodd Dal-y-sarn yr oedd yn tynnu'n wyllt a bu raid i Wil aros er mwyn ceisio cael trefn arno. Daeth amryw o'r pentrefwyr allan i geisio rhoi cymorth neu gyngor iddo. Yn eu mysg roedd un oedd weithiau yn rhy barod ei dafod, ac meddai –

"Efallai mai ceffyl ras wyt ti wedi'i brynu."

"Hwyrach wir," atebodd Wil. "Neu ei fod o'n ceisio mynd yn geffyl blaen fel dy dad."

Cyn i bowlenni dŵr gael eu gosod yn y beudai, byddai'n ofynnol ar i'r gwartheg gael eu gollwng ddwywaith y dydd i'r dŵr. Pan aeth gwas bach ar fferm go fawr â'r gwartheg i'r dŵr, mi ddaethon nhw'n eu holau yn bur sydyn. Yn rhy sydyn i fodloni'r ffermwr oedd yn sefyll yn y buarth, a gofynnodd i'r gwas bach –

"Gafodd y gwartheg 'ma ddigon o ddŵr gen ti, dywed?"

"Do dwi'n siŵr," atebodd y gwas. "Maen nhw wedi gadael dŵr ar eu holau beth bynnag."

Roedd John Williams yn byw ym Mhlas Tan'rallt; dyn bach eiddil oedd John Williams ond roedd ganddo lais hynod o dreiddgar a sawl gwaith cafodd ei alw i gyfrif gan flaenoriaid Capel Tan'rallt am floeddio ac, ambell waith, regi wrth drafod y defaid yng nghyffiniau'r capel yn ystod oedfaon ar y Sul.

Un diwrnod, roedd John Williams wedi anfon ei gi Del i gyrchu carfan o ddefaid oedd yn pori ar lechwedd heb fod yn bell o'r tŷ.

"Dos i fyny, Del," gorchmynnodd John Williams gan amneidio i gyfeiriad y defaid. Yr oedd yno fân goediach yn tyfu a diflannodd Del o olwg John Williams. Neidiodd yntau i ben wal dan weiddi a chwibanu.

"Lle wyt ti, Del?" gwaeddai, ond doedd dim golwg o Del. Gwaeddai'n uwch ac yn uwch, ac yn gwylltio fwyfwy bob tro. Yn y diwedd, dyma weiddi ar dop ei lais –

"Del, lle wyt ti'r diawl hyll!"

Roedd Lefi Jones yn cael llefrith gan John Williams Plas Tan'rallt ac roedd wedi mynd yno'n weddol gynnar un bore i'w nôl. Roedd John Williams newydd ddod i lawr y grisiau ac aeth yn syth at ffenest y gegin lle'r oedd ei ddannedd gosod mewn pot jam yn llawn dŵr. Ceisiodd eu rhoi nhw yn ei geg, ond methodd yn lân.

"Beth sydd ar yr hen ddannadd yma heddiw?" gofynnodd.

Y funud honno, daeth Hannah ei wraig trwy'r drws. "Be ti'n neud y lembo!" meddai. "Fy nannadd gosod i ydi'r rheina!"

Ffermio oedd John Morris, Ynys Llecheirion, ym mhlwyf Llanddeiniolen. Un tro, roedd llygod mawr yn ei boeni ar y fferm, ac aeth ar y ffôn a galwodd am yr *ironmonger* yng Nghaernarfon, a gofyn iddo am drapiau llygod mawr. Dyma'r *ironmonger* yn ateb gan ofyn iddo a oedd angen eu hanfon i'r fferm.

"Wel, siŵr iawn, ddyn," meddai John Morris, "mae'n haws i chi wneud hynny nag ydi hi i mi anfon y llygod atoch chi."

Roedd chwarelwr yn arfer helpu mewn fferm yn Nantlle ar ôl dod o'r gwaith, a byddai'n cael llaeth bob tro y byddai'n galw.

Ond un noson, dywedodd gŵr y fferm wrtho –

"Mae'n ddrwg gen i, ond mae'r lloua o dan y gwartheg a does gen i ddim llaeth i ti heddiw."

"Wel, geith y lloua gario gwair i ti, felly, ta."

Yr oedd nifer dda wrthi'n brysur yn cario'r gwair yn Nôl Bebin a'r rhan fwyaf o'r chwarelwyr wedi mynd i helpu'r hen Robert Jones. Pan welodd yr hogia rywun yn sefyll yn y ffordd, dyna weiddi –

"Tyrd i'r cae i roi help llaw!"

Aeth yntau i'r cae gan dynnu ei got, ei wasgod a'i grys. Pan oedd yn dechrau nosi a phob un yn gwisgo'i ddillad, gofynnodd y dyn oedd wedi bod yn sefyll yn ymyl y wal –

"Welodd rhywun 'y ngwasgod i, hogia?"

"Mae hi amdanat ti'r lembo," meddai'r hogia.

"Lwcus 'te, neu mi faswn wedi mynd adra hebddi."

Ond nid y ffermwyr yn unig fyddai'n gweithio'r tir. Byddai gan sawl chwarelwr dyddyn bychan ble byddent yn tyfu llysiau i ychwanegu at gyflog pitw'r chwarel.

Roedd Griffith Jones wedi plannu tatws cynnar, ond roedd y mis Mai hwnnw'n un oer iawn.

"Ydi'r tatws yn dod allan?" gofynnodd ei gyfaill Joni Iard iddo.

"Yn ôl pob golwg," meddai, "maen nhw'n dod allan i lawr yng Nghaernarfon."

Yr oedd hi wedi bod yn haf gwael iawn, ac un o'r chwarelwyr a chanddo fferm fechan. Roedd yn cwyno wrth ei ddau gyfaill ei fod yn methu'n glir â chael amser i gario'r gwair.

"Deud ti pa bryd y byddi di'n barod i gario a mi ddown ni draw," medden nhw wrtho.

Un bore braf, meddai'r ffermwr – "Dwi am drio cael y gwair heno."

"Heno amdani 'ta," meddai'r hogia.

Yr oedd y tri wedi bod wrthi'n galed gyda'r gwair ac meddai un o'r helpars –

"Ew, mi fuasa tipyn o laeth yn dda."

Roedd mab y ffermwr gerllaw a gwaeddodd arno –

"Dos i nôl pwcad o laeth i'r hogia." Ac i ffwrdd ag o a

dod yn ôl efo llond bwced wen o laeth.

"Ew, mae hwn yn dda," meddai'r hogia gan lowcio'r llaeth. Ymhen ychydig gofynnodd y ffermwr i'w fab –

"Be oedd dy fam yn 'i wneud?"

"Roedd hi'n golchi'r llawr nes wnaethoch chi gymryd ei phwcad hi!"

Bob hyn a hyn, câi rhai o'r chwarelwyr ddigon ar waith y chwarel a mynd i chwilio am waith arall. Roedd rhai wedi mynd i weithio i gontractors oedd yn codi tai newydd yn Nyffryn Nantlle. Roedd llawer o sôn am y cyflog da oedd i'w gael yno. Roedd Robin wedi bod ar y dôl am rai blynyddoedd a gofynnodd i un o'r hogia –

"Oes yna obaith o waith ar y tai newydd? Ydy o'n waith caled?"

"Joban ysgafn iawn, Robin. Dim ond cymysgu dipyn o sment a chario dipyn o frics, a phan fydd hi'n bwrw glaw, chwara cardia neu ddominôs yn un o'r tai. A deud y gwir i ti, yn y tŷ rydan ni'r rhan fwyaf o'r amsar."

Roedd hyn wedi plesio Robin yn arw. "Mi ddo i draw fore Llun i ofyn am waith."

"Iawn. Gofyn am Paddy'r ganger – hen foi iawn. Mi fydd yn chwara cardia efo ni reit amal."

Y peth cyntaf fore Llun roedd Robin yn offis y ganger yn gofyn am waith. Ar ôl ei holi ychydig gofynnodd y ganger iddo –

"Ydy dy gardia di gen ti?"

"Nac ydyn," atebodd Robin, "ond mae gen i set o ddominôs yng ngwaelod y bag 'ma."

Roedd Robat Jôs Gwich yn gweithio ar do capel Bethesda efo'i weithwyr ac mi syrthiodd yr hen ŵr o'r top. Dyma un o'r gweithwyr yn brysio i lawr ato fo.

"Duwch, naethoch chi frifo, Robat Jôs?" gofynnodd.

"Naddo ddim llawar. O'n i isio dwad lawr i nôl hoelion, beth bynnag!"

Wedi gorffen yn y chwarel mi aeth Griffith Jones i weithio ar ffyrdd y sir ac i ofalu am erddi a chae chwarae Ysgol Llanrug.

Un diwrnod roedd yn torri gwellt ar ochr y ffordd, a bachgen ifanc wedi ei roi i weithio gydag o. Dyna'r bachgen yn gofyn iddo a oedd o'n torri'r gwair yn iawn efo'i gryman.

"Wel, 'wn i ddim am ei dorri'n iawn, John bach," meddai Griffith Jones, "ond rwy'n siŵr dy fod yn rhoi cythral o gweir iddo."

Roedd brodor o Ddyffryn Nantlle wedi gadael y chwarel i weithio ar y ffordd. Un diwrnod, daeth y fforman ato a'i weld yn pwyso ar ei raw, a dywedodd wrtho –

"Laddodd rhaw neb 'rioed."

"Naddo," atebodd y gweithiwr, "ond mae hi wedi claddu llawer."

Roedd Griffith Jones a John wrthi'n galed yn torri gwair ar ochr y ffordd, pan ddaeth merch ifanc reit gnawdol tuag atyn nhw a honno mewn dillad cwta.

"Dyna i chi bishyn, Griffith Jones," meddai John.

"Ia," meddai'r hen frawd, "mae honna angan rhywbeth mwy na dy gydymdeimlad di a minna, John."

Tua 1960, roedd Stad y Faenol yn mynd â'r tir oddi ar y mân dyddynwyr. Roedd hyn yn ddraenen yng nghalon Griffith Jones.

Un diwrnod, daeth stiward y stad heibio'r Celyn i ddweud y newydd drwg fod yn rhaid iddo symud, ac er mwyn ceisio cysuro tipyn ar yr hen frawd addawodd chwilio am *smallholding* bychan iddo.

"Peidiwch â phoeni amdana i," meddai Griffith Jones, "mi rydw i eisoes wedi prynu *smallholding* ar waelod y plwy," gan gyfeirio at Fynwent Llanddeiniolen lle y dymunai gael ei gladdu, ac mi gafodd ei ddymuniad yn fuan iawn ar ôl hynny.

Yn y dyddiau cyn dod y tarmacadam, roedd Bob o ardal Stiniog wedi cael gwaith i falu cerrig ar ochr y ffordd fawr er mwyn rhoi wyneb arni. Daeth swyddog heibio, ac meddai braidd yn sarrug wrth Bob –

"Go araf mae'r morthwyl 'na'n mynd i fyny gin ti, Bob."

"Hidiwch befo," atebodd Bob, "wrth ddwad i lawr mae o'n malu."

Ond doedd yna ddim gwaith yn rhai, ac roedden nhw'n fwy na bodlon byw ar y dôl.

Roedd Gwilym, neu Gow fel y gelwid o yn Nhal-y-sarn, yn gweithio yn y *Labour Exchange* yng Nghaernarfon. Ei waith oedd holi'r rhai oedd yn dod yno i gael eu dôl. Un diwrnod daeth Twm, un o hogia'r Nant, i mewn, ac eisteddodd i lawr a milgi melyn wrth ei draed.

"Wel, deud i mi, Twm bach, pryd wyt ti am fynd i chwilio am waith?"

"Gow bach," meddai, "dwi wedi cerdded cymaint … edrycha ar y sgidia 'ma – does 'na ddim gwadna arnyn nhw erbyn hyn!"

Edrychodd Gow ar draed Twm ond newidiodd y pwnc

rhag ofn i Twm ofyn iddo am bâr o sgidiau newydd.

"Nid hwn oedd y ci oedd gen ti'r tro dwytha oeddat ti yma?"

"Ia'n tad," meddai Twm.

"Nage wir," meddai Gow. "Roedd y llall yn fwy ci o lawer."

"Efallai y coeli di fi rŵan," meddai Twm. "Mae'r ci 'ma wedi cerdded gymaint efo fi i chwilio am waith nes ma'i goesa fo wedi gwisgo."

Yn ystod oes aur y chwareli y gwelwyd llawer diwygiad crefyddol ac adeiladwyd degau o gapeli ar hyd a lled yr ardal. Cafodd sawl pentref ei enwi ar ôl y capel a godwyd yno ac mae ardal Arfon yn frith o'r un enwau ag sydd ym Mhalestina. Y capel oedd calon y gymdogaeth ble cynhelid cyfarfodydd gwahanol bob noson o'r wythnos. Roedd pawb yn tyrru allan iddynt ac roedd parch mawr i'r gweinidogion. Ond fe geir aml i stori ddigri am yr hyn a âi ymlaen yn y cysegr-leoedd hyn hefyd.

Yn Nyffryn Ogwen roedd yna hen gymeriad o'r enw Huw Jones yn byw yng Nghraig Pandy, a fo fyddai'n chwythu'r organ yn yr eglwys. Pan ddechreuodd Saeson ddwad i'r dyffryn, mi benderfynodd y ciwrat gynnal gwasanaeth Saesneg iddyn nhw am un ar ddeg fore Sul.

Ar ôl y gwasanaeth deg, dyma gyhoeddi'r gwasanaeth Saesneg, ond cododd Huw ar ei draed a cherdded oddi wrth yr organ.

"Hei! Mr Jones, lle rydach chi'n mynd?" gofynnodd y ciwrat.

"Hy! Adra. Fedra i ddim chwythu'r organ yn Susnag, siŵr Dduw."

Un Sul, dyma'r offeiriad i bulpud yr eglwys, a'i destun oedd "Myfi yw y bugail da." Yn y gynulleidfa, roedd John y clochydd yn eistedd yn dawel. Dyma'r offeiriad yn dechrau ei bregeth. "Myfi," meddai, "yw y bugail da. Chwychi, y gynulleidfa, yw y defaid, a John yw y ci i redeg ar ôl y defaid."

Dyma John ar ei draed. "Ta i ddim yn gi i ti, mêt," meddai.

"Dameg, John, dameg, John," meddai'r ciwrat gan geisio lleddfu'r dyfroedd.

"Wel, damia titha hefyd," meddai John.

Roedd plant yr ardal wedi ymgynnull yng Nghapel Gerlan ar gyfer y Band of Hope, a'r pregethwr yn dechrau eu holi.

"Y cwestiwn cynta dwi am ofyn ichi," meddai, "ydy, pwy ydy'r defaid?"

"Pobol," meddai Wil Rich.

"Ac rŵan dwi'n dod at yr ail gwestiwn. Pwy ydy'r ŵyn?"

"Y ni, syr."

"Ardderchog," meddai'r gweinidog, "a rŵan at y prif gwestiwn. Be' dw i?"

"Myharan, syr."

Un diwrnod roedd Richard Jones, Ty'n Clawdd, Nant Ffrancon, yn rhoi hanes cyfarfod gweddi yng nghapel bach y Nant. Doedd neb yno i daro canu. Pawb yn cynnig, ond pawb yn methu – pawb ond Wil Glan Llugwy. Roedd yn sefyll a'i gefn ar y pared pellaf a'i ddwy law yn ei bocedi.

"Taro di hi, Wil," meddai un o'r blaenoriaid wedi i bawb

dorri ei galon.

"Mi wna i," meddai Wil, "os daw hi y ffor' yma."

Cyn datgysylltu'r Eglwys yng Nghymru, y *Church of England School* oedd yr ysgol yn Nhregarth, ac mi fyddai'n dechrau efo gwasanaeth bob dydd. Mi fyddai pawb, hefyd, yn cael arholiad, yr hyn fydden nhw'n ei alw yn ecsam *Scripture*. A byddai dyn yn dod i'w arholi yn yr ysgol.

Un tro dyma'r dyn yn cyrraedd fel roedden nhw'n adrodd Gweddi'r Arglwydd – yn Saesneg, wrth gwrs. Ac wedi i'r plant orffen, dyma fo'n gofyn –

"I listened when I came in. You were reciting the Lord's Prayer. Who is the Lord?" gofynnodd.

A dyma fraich yn cythru i fyny –

"Lord Penrhyn, syr."

Roedd yna flaenor yng nghapel Pengroes, Bethesda, a mab ganddo yn y weinidogaeth. Un nos Sul, gwnaeth gyhoeddiad yn y capel gan ddweud –

"Bydd fy mab yn pregethu yma ddwywaith y Sul nesaf – am ddau a chwech."

"Wel wir," meddai un o'r gynulleidfa, "mae o'n rhad iawn."

Roedd dosbarth Ysgol Sul yn Stiniog yn trin yr hanes am Iesu yn bwrw'r rhwyd dros ochr ddehau'r llong ac

yn cael helfa o bysgod.

"A dyna ichi be 'di gwyrth," meddai'r athro.

"Nage wir," anghytunodd un. "Tasa fo wedi tynnu llwyth o wningod i fyny, mi fasa hynny'n wyrth."

Roedd gweinidog yn cynnal seiat noson waith yng Nghapel Bethesda, Stiniog, ac yn siarad am y Beibl. Canmolai'r llyfr yn fawr –

"Does yna'r un llyfr tebyg iddo," meddai. "Waeth pryd yr ewch chi iddo fo, mae rhywbeth newydd i'w weld ynddo fo bob tro. Y fo ydi'r unig lyfr sydd felly."

"Nage wir," meddai Wil Mynydd. "Mae 'na lyfr acw sydd â rhywbeth newydd ynddo fo bob tro yr awn ni iddo fo."

"O, felly," meddai'r gweinidog, "a pha lyfr ydi hwnnw, gyfaill?"

"Llyfr siop Mam."

Adeg diwygiad 1904-05 byddai rhai yn cymryd rhan yn y capeli na wnaeth ddim byd tebyg o'r blaen, ac oherwydd eu diffyg profiad, byddai rhai yn dweud pethau smala a doniol iawn ar adegau.

Roedd un yn gweddïo yng Nghapel Bethesda, Stiniog, ac mi derfynodd fel petai o'n diweddu llythyr gyda'r geiriau –

"Hyn yn fyr ac yn flêr, O Arglwydd, oddi wrth Richie Lloyd."

Un arall yn yr un capel yn dweud ynghanol ei weddi –

"Mae amball i un wedi cael gwraig go dda, Arglwydd Mawr, ond un ddifrifol ges i. Mae 'na dylla yn fy sana yn ddigon i dy ben di fynd drwyddyn nhw."

A chafwyd sefyllfa debyg yn un o gapeli Dyffryn Ogwen,

pan oedd gweddïwr yn ceisio meddwl am y ffordd orau i ddisgrifio ei hoffter o'r Arglwydd –

"Arglwydd, rwyt ti … rwyt ti … yn neisiach na phwdin reis."

Doedd Wil ddim mor grefyddol â'i wraig. Un bore cysgodd y ddau yn hwyr; er hynny aeth y wraig ar ei gliniau i ddweud ei phader ac i weddïo fel arfer.

Rhoddodd Wil bwt i'w briod –

"Gad lonydd i'r Brenin Mawr rŵan. Mi gei di ddigon o amser i siarad efo Fo ar ôl i ti neud bwyd i mi gael mynd i'r chwaral."

Ym mlynyddoedd cynnar yr ugeinfed ganrif, roedd Byddin yr Iachawdwriaeth yn o gryf yn Stiniog, ac ar nos Sadwrn byddai ganddyn nhw gylch ar Sgwâr y Diffwys. Yno byddai canu ac areithio a phregethu, a thyrfa o'u cwmpas yn gwrando.

Yn y cylch un noson, roedd cymeriad o'r enw Jac. Un garw oedd Jac, yn gwneud fawr ddim defnydd o ddŵr a sebon. Canai ei orau glas, gyda'i wyneb budr anghyffredin, un o hoff emynau'r Fyddin –

"Yn golchi 'nghalon i."

Daeth Sam Doctor ar ei hald o rywle at y cylch ac edrychodd yn sobor ar Jac cyn dweud –

"Tasa'r diawl yn molchi 'i wynab yn gynta, mi fyddai'n help garw."

Roedd Robin Cradog yn hoff iawn o'i lasiad, ac ar nos Sadwrn byddai'n mynd o dafarn i dafarn yn y Blaenau.

Un nos Sadwrn wrth fynd heibio Sgwâr y Diffwys, lle'r oedd cylch Byddin yr Iachawdwriaeth mewn llawn hwyl, trawodd ar ddau a weithiai yn yr un chwarel ag o.

Wrth sgwrsio, cyfeiriodd un ohonyn nhw at y Fyddin, a gafael ym mraich Robin.

"Na, wir, Jôs. Na wir. Well i mi beidio … rhag ofn i mi gael fy achub, myn diawl," a diflannodd am y dafarn agosaf.

Roedd hen weinidog wedi dod i bregethu i ardal Deiniolen, a hwnnw'n un hirwyntog. Y Sul arbennig hwn, roedd wedi bod yn pregethu am awr a hanner. Ar ddiwedd yr oedfa, cafodd ei gyfarch gan hen flaenor.

"Wel, beth oeddech chi'n feddwl o'r bregeth?" gofynnodd yr hen weinidog.

"Pregeth dda i dorri'r gaeaf i ni."

Roedd John Owens y Wern a gwas Tyddyn Du newydd fod yn gwrando ar bregethwr â locsyn gwyn llaes ganddo, a dywedodd y gwas yr ystyriai locsyn gwyn yn arwydd o dduwioldeb.

"O felly," meddai John Owens, "mae'n rhaid fod bwch gafr Tŷ Slaters yn dduwiol dros ben, felly."

Roedd hen chwarelwr ar ei ffordd i'r capel Ddydd Diolchgarwch ac mi arhosodd i sgwrsio gyda chyfaill iddo o'r chwarel.

"Mae yna ogla diod arnat ti," meddai hwnnw wrtho.

"O, mi ges i beint ar y ffordd i'r capel. Wyt ti am ddod efo fi i'r gwasanaeth?"

"Na, mae gen i dipyn o waith adra."

"Fasat ti'n licio i mi ddeud rhyw air bach drosta ti?"

"Os lici di, ond dydw i ddim yn credu y bydd O'n dy ddallt di efo'r dafod dew 'na."

Roedd hi'n Ddydd Diolchgarwch a Cena Bach wedi galw yn yr Half Way yn Nhal-y-sarn am ddiferyn cyn mynd i'r capel. Roedd Bob Teliffon wedi ei weld yn dod ac wedi ffugio cynnal raffl. Prynodd Cena docyn ganddo – ac wrth gwrs, Cena enillodd. Cloc oedd y wobr a hwnnw wedi ei lapio'n ddel mewn papur.

Gorffennodd Cena ei beint ac aeth am y capel a rhoi'r parsel o dan y sêt. Ond yn ystod y bregeth canodd larwm y cloc. Cydiodd Cena yn y parsel a rhwygo'r papur i geisio cael at y cloc i'w stopio, ond roedd yna bapur arall oddi tano … ac un arall … ac un arall … A phawb erbyn hyn yn edrych ar Cena. Pan ddaeth i'r papur olaf, dyma dawelwch – roedd y larwm wedi rhedeg i'r pen.

Roedd y Parchedig Robert Jones, gweinidog Capel Mawr, Tal-y-sarn, yn ddihareb yn y dyffryn nad oedd o byth ar frys. Gyrrai'n bwyllog heb gynhyrfu dim a heb falio dim pwy oedd yn dod y tu ôl iddo.

Unwaith, pan oedd ar ei daith i Ben-y-groes, gwelodd un o'i flaenoriaid yn cerdded i'r un cyfeiriad. Stopiodd y car gan ofyn a oedd o eisiau pàs i Ben-y-groes.

"Diolch yn fawr i chi, Mr Jones," atebodd, "ond gan fy mod ar dipyn o frys, mae'n well gen i gerdded."

Un tro gofynnwyd i'r Parchedig Robert Jones briodi cyfaill iddo oedd mewn tipyn o oed. Cytunodd yntau gan ofyn i'r cyfaill gael rihyrsal bach cyn mynd i'r gwasanaeth. Ond doedd y cyfaill ddim eisiau un, gan ddweud ei fod yn sicr y byddai pethau'n iawn.

Daeth y dydd a'r hen gwpwl wedi cyrraedd. Pan oedd yn mynd trwy'r rhan arferol o'r gwasanaeth a chyrraedd y frawddeg, 'A gymeri di'r ferch hon i fod yn wraig briod i ti?'

atebodd yr hen frawd –

"I be gythral wyt ti'n 'i feddwl y dois i â hi yma?"

Roedd gwraig i chwarelwr o'r Groeslon yn hwylio bwyd caniad [sef bwyd diwedd y dydd] i'r gŵr a'r ddau fab, ac un o'r meibion yn un go ddrwg. Pan oedd y teulu'n barod i fwyta, dyna guro ar y drws. Aeth y wraig i'w agor, a dyna lle'r oedd y Gweinidog.

"Dowch i'r tŷ, steddwch wrth y bwrdd ac mi gewch chi dipyn o lobsgows efo ni."

Eisteddodd y Gweinidog wrth y bwrdd. "Ond dim lobsgows i mi, diolch," meddai.

Aeth y wraig i'r cefn a rhybuddio'r hogyn drwg –

"Cymra di ofal na regi di ddim o flaen y Gweinidog neu chei di ddim beic newydd Dolig 'ma."

Yna aeth y wraig â phwdin reis a'i roi o flaen y Gweinidog.

"Dim diolch yn fawr," meddai unwaith eto.

Aeth y wraig i'r cefn am y trydydd tro a dod â chacen a'i rhoi o'i flaen.

"Dim diolch yn fawr," meddai'r Gweinidog unwaith eto.

Newidiodd lliw wyneb y bachgen a gwaeddodd –

"Uffar ots am y beic, Mam. Berwch wy i'r diawl!"

Un diwrnod, yn y caban, dyma un o flaenoriaid y Capel Mawr yn gofyn i Wil Bach pa bryd oedd o am ddechrau mynd i'r capel.

"Dydw i ddim yn bwriadu mynd yno," meddai.

"O," meddai'r blaenor, "a phwy wyt ti'n feddwl sydd yn mynd i dy gladdu di?"

"Mae rhywun yn siŵr o 'nghladdu i," meddai Wil, "cyn y gwnân nhw 'ngadael i ar hyd y lle 'ma i ddrewi."

Er y tyrru i'r capeli a'r eglwysi roedd gan y tafarndai eu selogion ac ambell un yn gallu bod yn wreiddiol iawn.

Yr oedd un o chwarelwyr Pen-y-bryn yn lyncwr cwrw heb ei ail, ond un diwrnod aeth yn sâl yn y chwarel a bu'n rhaid iddo fynd i weld y meddyg.

Dechreuodd y meddyg ei holi –

"Wyt ti'n dal i yfad cwrw?"

"Ydw," atebodd, "ond dim cymaint ag oeddwn i – dau beint bob nos rŵan."

"Wel, efo'r complênt sydd gen ti," meddai'r doctor, "sa'n well i ti yfed port."

Ymhen rhyw wythnos, roedd yn ôl yn syrjeri'r meddyg.

"Sut wyt ti'n teimlo?"

"Dwi'n llawer gwell, doctor, ond dwi'n cael dipyn o drafferth i yfad port," meddai.

"Pam?"

"Rarglwydd, dydi yfad dau beint o bort bob nos yn joban ddrud!"

Un Nadolig roedd y plant yn canu carolau y tu allan i dafarn yr Half Way yn Nhal-y-sarn a phwy ddaeth yno ond Cena Bach.

Clywodd y plant yn canu, "Noel, Noel …"

"No-*ale!*" meddai. "Damia, rhaid i mi fynd am y Goat 'na felly!"

Roedd Cena Bach yn cerdded adref o Ben-y-groes am Nantlle un noson ac yntau wedi cael un yn ormod. Bob tro yr âi heibio i bolyn lamp, byddai'n dweud, "Nos da, Ifan Jones." Ac yn ei flaen at un arall a dweud, "Nos da, Wil John."

Roedd bachgen o'r ardal, oedd yn dipyn o dynnwr coes, wedi ei weld a'i glywed ac mi benderfynodd ddringo i ben y polyn lamp nesaf.

"Nos da, Twm bach," meddai Cena wrth y polyn lamp.

"N-n-n-n-nos d-d-d-d-da," meddai'r bachgen o ben y polyn.

"Dew, 'r hen Dwm wedi cael llwyth go dda heno," meddai Cena.

Un noson roedd cymeriad yn cerdded adref o'r Goat ym Mhen-y-groes am ei gartref yn Llanllyfni ac yntau wedi cael tropyn go lew. Roedd un droed iddo ar y pafin a'r droed arall yn y gwter. Gwelodd hen wreigan o ac aeth i'w helpu.

"Griffith Roberts bach, bobol annwyl," meddai, "rydach chi'n feddw!"

"Tybad wir?" gofynnodd, "a finna'n meddwl mai cloff o'n i."

Roedd dyn o'r Fron wedi galw yn nhafarn y Goat ym Mhen-y-groes ac mi drawodd ar rai o'r hogia o'r chwarel ar ei ffordd adref. Penderfynodd rhai ohonyn nhw mai da o beth fyddai ei helpu a'i ddanfon cyn belled â'r fynwent. Ar y ffordd yn ôl, meddai un wrth y llall –

"Wyt ti'n meddwl y bydd o'n iawn, dywed? Roedd o wedi cael cwrw reit drwm ac roedd ei goesa fo fel jeli."

Bore trannoeth yn y chwarel sylwodd y ddau fod gan y dyn o'r Fron y lwmp mwyaf ofnadwy ar ei dalcen.

"Be ddigwyddodd i ti?" gofynnodd un. "Roeddat ti'n iawn pan adawson ni ti neithiwr."

"Wel," meddai yntau, "mi es i'n reit ddel at waelod yr ardd acw, a diawl i chi, mi roedd yno ddwy adwy. Mi gymris i'r chwith – ond y llall oedd hi."

Roedd Griffith Jones yn hoff o'i beint o gwrw – peint mawr hen ffasiwn bob tro. Daeth rhyw frawd gwael ei iechyd i mewn i'r dafarn un noswaith a gofyn am lasiad bach o stowt.

"Wyddoch chi be, Griffith Jones?" meddai'r dyn gwael wrth gyfeirio at y pot peint, "mi fuasa hwnna'n torri 'nghalon i."

Ac meddai'r hen Griffith Jones ar amrantiad –

"Hwnna fasa'n torri 'nghalon i," gan gyfeirio at y gwydr bach ar y bwrdd.

Roedd Elwyn yn edrych yn ifanc o'i oed, er ei fod yn un ar hugain. Un tro roedd wedi mynd i Gaernarfon a galwodd yn y Mona Hotel am beint, a phwy oedd yn eistedd yno ond gwraig oedd yn byw y drws nesaf iddo a rhyw ddyn arall.

Aeth oddi yno ar ôl cael ei beint a galwodd yn y Victoria, Pen-y-groes, ar ei ffordd adref. Yn y bar yn y fan honno, roedd gŵr y wraig a welodd o yn y Mona.

"Ydi dy dad yn gwybod dy fod ti allan?" gofynnodd hwnnw.

Gwylltiodd Elwyn a meddai –

"Nac ydi, ond mae dy wraig a'r boi yna oedd efo hi'n gwybod."

Ond nid mynd i'r capel a'r dafarn oedd yr unig ddulliau o dreulio oriau hamdden. Byddai rhai yn mynd am dro ar y trên o'r gorsafoedd agosaf.

Gwaith Tomos William y Ryn oedd tynnu'r llechi o chwarel Dorothea i'r orsaf yn Nhal-y-sarn a hynny gyda phâr o geffylau. Un dydd Sadwrn, aeth Tomos a'i wraig Sera ar eu hymweliad cyntaf â Lerpwl. Wrth ddod allan o orsaf Lime Street a gweld yr holl bobl o amgylch, dywedodd Twm –
     "Wel, Sera bach, 'dan ni wedi dod yma ar ddiwrnod ffair."

Byddai llawer o'r chwarelwyr yn mynd i Gaernarfon bob nos Sadwrn gyda'r trên o orsaf Pen-y-groes. Un nos Sadwrn, pan gyrhaeddodd yr hogia yn ôl i Ben-y-groes roedd y dyn hel ticedi wrth y giât a dyma Wil Bach, oedd bob amser yn mynd ar y trên heb dicad, yn cael ei stopio. Gofynnwyd am ei dicad, ac aeth Wil i'w boced a rhoi'r arian iddo.
     "Pam wyt ti'n gwneud hyn bob tro? Pam na chodi di dicad cyn cychwyn fel pawb arall?"
     "Dydw i ddim yn licio rhoi pres i'r LMS [y cwmni rheilffordd]. Well gen i 'u gweld nhw'n mynd i dy boced di."

Ond roedd digon yn digwydd yn y pentrefi chwarelyddol fel nad oedd raid teithio'n bell.

Roedd yna garnifal yn un o'r pentrefi a llawer o hogia'r chwarel wedi gwisgo amdanynt i gael hwyl. Roedd dau ohonyn nhw wedi gwisgo fel buwch – un yn y pen blaen a'r llall yn y pen ôl. Gwraig un ohonyn nhw oedd wedi gwneud y wisg ac wedi cael hwyl dda iawn arni, a phawb yn dweud eu bod yn edrych fel buwch go iawn.

Roedd yr hogia yng nghefn yr orymdaith ac wrth fynd drwy'r pentref dyma fynd heibio cae a tharw ynddo. Daeth y tarw yn nes at y wal i gael gweld be oedd yr holl dwrw.

Gwelodd yr un yn y pen blaen y tarw yn edrych arnyn nhw ac meddai wrth ei bartner – "Bob, fedri di redeg?"

"Rhedeg?" atebodd y llall. "Prin dwi'n medru cerdded."

"Wel, taswn i'n chdi, mi fuaswn i'n trïo."

Daeth dyn gwneud triciau i neuadd Pen-y-groes ac roedd o'n medru tynnu wyau allan o hances boced. Roedd un o'r chwarelwyr yn eistedd yn agos i'r llwyfan ac meddai'r dyn gwneud triciau wrtho – "Dyna i ti be na fedar dy wraig di ei gael, wyau heb iâr i'w dodwy."

"Medar," meddai'r chwarelwr. "Mae Mari'n cadw chwiad."

Roedd cwmni yn perfformio drama yn y neuadd, *Y Ferch o Gefn Ydfa*. Roedd hen gymeriad yn mynd am dro pan welodd y dyn

50

drws nesaf yn disgwyl am fws a gofynnodd iddo lle'r oedd o'n mynd.

"I weld y Ferch o Gefn Ydfa," meddai.

"Rargian annwyl, dydi un ddynas ddim yn ddigon gen ti?"

Roedd dau fwrdd biliards yn y caffi yn Nhal-y-sarn a byddai llawer o'r chwarelwyr yn mwynhau eu hunain yno. Roedd dau fachgen ifanc nad oedd wedi bod yn chwarae o'r blaen ar y bwrdd yn chwarae snwcer, ac wedi bod felly am awr a hanner a dim llawer o'r peli wedi diflannu.

"Mi ddyla fod 'na gloc i amseru'r rhain," meddai Now.

"Cloc?" meddai Ernest Pendeitsh. "Calendr wyt ti'n feddwl."

Roedd hi'n arferiad gan chwarelwyr ar ddyddiau Sadwrn i un ai fynd i gwt y barbwr neu gwt y crydd am sgwrs. Y pnawn hwnnw, roedd dau yng nghwt y crydd, ac ar ei fainc roedd dau barsel wedi eu lapio'n ddel mewn papur newydd.

"Drychwch, hogia," meddai'r crydd, "os daw morwyn Mr Jones y Gweinidog yma, dyma nhw sgidia Mr Jones ar y chwith yn fan'ma. Clocsia Wil Bach ydi'r lleill, mae o isio nhw i fynd i'r chwaral fore Llun. Dwi am bicio adra am ryw hannar awr."

Felly y bu, a'r ddau lefnyn yn cael smôc a sgwrs.

"Wyddost ti be wnawn ni?" meddai un. "Mi newidiwn ni'r parseli. Mi gaiff y gwnidog glocsia Wil Bach a Wil Bach sgidia'r gwnidog!"

Toc, daeth gwraig Wil i'r gweithdy a rhoddwyd y parsel iddi, a chyn i'r crydd ddod yn ôl roedd morwyn y gweinidog wedi dod i nôl y parsel arall.

Gyda'r nos aeth y ddau am beint i'r Half Way, ac meddai un wrth y llall –

"Mi liciwn i weld Wil Bach yn mynd i fyny steps Gallt y Fedw fora Llun yn sgidia'r gwnidog!"

"Mi fysa'n llawer gwell gen i fynd i'r capal i weld y gwnidog yn mynd i fyny steps y pulpud yng nghlocsia Wil!"

"Dos â'r sgidia yma at y crydd," meddai mam wrth ei mab un bore. "A gofala fynd â nhw at Dic Jones."

Ymhen ychydig ddyddiau aeth y wraig i weithdy Dic a holi am y sgidiau.

"O, mae hi'n barod," meddai Dic.

"Be wyt ti'n feddwl 'hi'? Mae gen i ddwy i fod."

"Chefais i ond un gan y bachgen," atebodd y crydd.

Bu'r ddau'n dadlau am hir ond yn y diwedd i ffwrdd â'r wraig ac am adref. Pan ddaeth ei mab adref o'r ysgol, gofynnodd iddo –

"Be wnest ti efo'r sgidia 'na ofynnes i ti fynd â nhw at Dic Jones? Mae o'n deud mai dim ond un esgid gafodd o."

"Wel ia, Mam," atebodd y bachgen. "Mi es i ag un at Dic Jones y crydd a'r llall at Dic Huws y crydd. Mae pawb isio byw, yn does!"

Roedd Dafydd Jones, Tal-y-sarn, wedi clywed fod un o'r hogia wedi cael dwy bunt gan y bwci ceffylau.

"Am be gest ti bres ganddo?" gofynnodd.

"Wel, mi wnes ddau geffyl ddoe ac mi enillodd y ddau ddwy bunt am swllt."

Ymhen rhyw awr neu ddwy, gwelodd Dafydd y bwci ac aeth ato ac meddai –

"Ydi hi'n rhy hwyr imi roi dau swllt ar y ddau geffyl 'na oedd gan Wil ddoe?"

Cyn yr Ail Ryfel Byd, cafodd ffilm ei gwneud o Chwarel Dorothea. Un bore dywedodd Dafydd Alun wrth Alice Griffiths ei fod wedi cael llythyr gan Huw y mab o dros y dŵr a'i fod yn dweud ei fod wedi gweld y ffilm a bod defaid Joni Parry i'w gweld yn glir hefyd.

"Duw mawr," meddai Alice, "mae'n rhaid eu bod wedi cymryd blynyddoedd i gerdded i fanno!"

Roedd Dic Bach, gwas Wil Owen Stabla, wedi mynd i'r pictiwrs i weld ffilm o Tommy Farr a Joe Louis yn bocsio.

Gofynnodd un o'r hogia iddo, "Lle wyt ti am ista, Dic?"

"O, yn y lle gora, yn y ffrynt sîts, i mi gael gweld y ffeit yn iawn. Roeddwn i yno neithiwr – hard leins iddo guro, ond mae o'n saff ohono fo heno."

Roedd mwyafrif y chwarelwyr yn aelodau o'r Blaid Lafur ac un o Ddyffryn Nantlle yn benboeth iawn dros y blaid honno, o bosib am ei fod wedi cael y rhan fwyaf o'i addysg yn y de. Adeg rhyw etholiad, trawyd o'n wael ac o'r herwydd, yn methu gwneud dim gwaith dros ei blaid. Roedd un o'i gyd-chwarelwyr yn mynd heibio'i gartref un diwrnod pan welodd wraig y dyn gwael wrth y drws. Gofynnodd iddi –

"Sut mae'r mistar?"

"O, mae o dipyn bach gwell," atebodd hithau. "Ond y peth sy'n fy mhoeni i ydi ei fod o wedi troi'n felyn."

"Arglwydd mawr!" meddai'r dyn. "Be ddiawl ddaeth dros 'i ben o i droi at y Liberals!"

Yn ystod un etholiad, roedd dyn wedi dod i siarad i Neuadd Pen-y-groes, ond roedd rhai yn cadw sŵn yn y cefn ac roedd hi'n anodd iawn i'r dyn ddal ati. Gwaeddodd ar y dorf –

"Mae'r lle yma fel syrcas!"

"Hollol wir," meddai llais o'r cefn, "ac mae'n rhaid cael un clown ym mhob syrcas."

Joni Marshall oedd y dyn fyddai'n goleuo a diffodd lampau'r stryd yn Nhal-y-sarn erstalwm. Un noson roedd Joni newydd ddiffodd un o'r lampau ac yna clywodd lais yn gweiddi arno –

"Joni! Rho ola' at y lamp 'na! Dwi ar ganol rowlio sigarét – a dwn i ddim ar ba ochor i'r papur ma'r gym!"

Roedd yna hwyl i'w gael yn y caban hefyd.

Un diwrnod roedd Now Jên yn y cwt pwyso yn edrych ar lyfr *pin-ups,* sef lluniau o ferched heb ddim bron amdanyn nhw. Daeth hen fachgen mewn oed ynghyd ag un ifanc i mewn i'r cwt.

"I be wyt ti'n prynu'r llyfra 'na, dywed?" gofynnodd yr hen ddyn. "Mae gen yr hen ferchaid yna ddigon o arian; y chdi a dy siort sydd yn eu gwneud nhw'n gyfoethog yn prynu'r llyfra 'ma."

"O na, does gan rheina ddim llawer o bres," meddai'r fenga. "'Drychwch, does ganddyn nhw ddim digon o bres i brynu dillad."

Roedd William Huxley Thomas, organydd arbennig iawn, er hynny'n gweithio Chwarel Dinorwig. Un diwrnod daeth i mewn i'r caban lle'r oedd llun o ferch ifanc ddeniadol iawn ar wal a honno'n gorwedd yn noethlymun ar draeth. Roedd yr hogia yn disgwyl i gael gweld beth fyddai ymateb yr hen Wili i'r llun.

"Sbïwch, William," meddai un gan ddal ei fys tuag at y llun.

"Mmmm," meddai William gan syllu ar y llun. "Dydy'r môr yn dlws dwch!"

Yn Chwarel y Lord, Blaenau Ffestiniog, roedd un o'r gweithwyr yn rhedeg pontŵn bob wythnos. Roedd John Douglas yn perthyn i'r pontŵn a thalai ei swllt yr wythnos tuag ati.

Bob dydd Llun holai pwy oedd wedi ennill.

"Tad y wraig, fachgan. Doedd o'n lwcus, dwad?"

Dro arall, "Brawd y wraig, cofia. Doedd o'n lwcus, dwad?"

Aeth trwy sawl aelod o'r teulu fel hyn – a dim sôn am neb o'r hogia yn ennill.

Daeth dydd Llun arall, a holodd John yn ôl ei arfer pwy oedd wedi ennill.

"Mam y wraig, fachgan. Doedd hi'n lwcus?"

Trodd John oddi wrtho, ond cyn ei fod wedi mynd ymhell gwaeddodd rhedwr y pontŵn ar ei ôl –

"John, ddaru chdi ddim talu dy swllt yr wsos ddwytha."

"Ond doeddwn i'n lwcus, dwad?" gwaeddodd John arno.

Roedd dau gymeriad yn gweithio yn y chwarel – George a Lewis. Yn y gaeaf, roedd hi'n canu [sef corn y chwarel] am wyth o'r gloch y bore ac mi roedd hi'n dal yn dywyll. Roedd pawb ar y bonc yn y cwt – cwt go fawr efo ffenest go fychan, ac roedd hi'n anodd gweld dim byd yno.

Galwodd George am bapur newydd ar y ffordd i'r chwarel cyn eistedd wrth y ffenest i ddewis ceffylau.

"Dew, sut mae o'n gallu gweld dwad?" gofynnodd un o'r hogia.

"Wedi bod yn y dosbarth nos mae o," atebodd Lewis. Prin iawn yw'r sôn am y merched, er y gallai rhai o'r rheini fod mor ffraeth a doniol â'r dynion. Hwyrach rhyw ddydd y cawn ni gasgliad o straeon 'gwragedd y chwarelwyr' …

Roedd Annie Jones, Half Way, Tal-y-sarn, yn greadures. Bu'n cadw tafarn yr Half Way am flynyddoedd – dynes strict iawn ond bob amser gyda'r tŷ yn llawn. Un noson trodd Dafydd Nantlle – 'Rhen Ganon fel y'i gelwid o – i mewn ar ei ffordd adref. Doedd o wedi cael yr un tropyn yn unman arall, ond wrth fynd i mewn trwy'r drws baglodd ar draws mat oedd gan Annie, a chyn i Dafydd gael agor ei geg, meddai wrtho –

"Dwyt ti ddim yn cael diferyn yma – rwyt ti wedi cael gormod yn barod."

Un noson roedd Annie yn cael sgwrs efo Dic Owen.

"Roeddwn i'n mynd i siopa i Dal-y-sarn bore heddiw, ac ew, mi roedd yna ddŵr yn yr afon," meddai.

"Wel, oedd siŵr dduw," meddai Dic. "Be ti'n feddwl oedd ynddi bore ddoe? Coed fala!"

Yn yr Half Way, roedd gan bob chwarelwr ei sêt ei hun, a byddai yna dipyn o le pe bai rhywun dieithr yn cymryd y sêt.

Doedd Dic Gwen ddim wedi bod yn ei sêt ers dyddiau, ac roedd yna gryn holi ynglŷn â beth oedd ei hanes. Roedd Annie Jones reit boenus yn ei gylch a gofynnodd i un o'r hogia fynd i edrych oedd o'n cwyno.

Ond ar y funud, pwy ddaeth i mewn ond Dic. Rhoddodd dro ar ei fwstás mawr ac meddai ar dop ei lais –

"Annie, tyrd â pheint o gwrw ffresh i mi. Dydw i ddim wedi bod yn y tŷ bach ers tri diwrnod!"

Gwraig adnabyddus iawn yn Nyffryn Nantlle oedd Gwen Pen Llyn – gwraig gymwynasgar, bob amser yn barod i helpu pawb. Roedd hi wedi trin llawer cyn eu rhoi yn yr arch – golchi cyrff, fel y bydden nhw'n dweud.

Yr oedd gŵr Bryn Derwen wedi marw a Gwen wrthi'n golchi'r corff. Roedd angen rhoi tro ar y corff a bu'n rhaid iddi gael help geneth ifanc oedd yn digwydd bod yn y tŷ.

Wrth droi'r dyn, symudodd darn arbennig o'i gorff.

"Rargian annwyl!" meddai'r eneth ifanc. "Dyn wedi marw – a'i beth o'n dal yn fyw!"

"Twt, dydi hynna'n ddim," meddai Gwen. "Tyrd acw a mi gei weld dyn byw a'i beth o wedi marw."

Roedd y Clochydd Bach, fel y'i gelwid o, wrthi'n llwytho wagen yn y twll pan ofynnodd ei bartner iddo –

"Wyt ti wedi clywed y gog bellach?"

"Do," meddai. "Bore ddoe pan oeddwn yn dod i'r chwarel."

"Oedd gen ti bres yn dy bocad?"

"Tri swllt a chwe cheiniog."

"Roist ti dro arnyn nhw?"

"Do," meddai.

"Gest ti lwc?"

"Ew, do. Pan gyrhaeddais i adra, roedd y wraig wedi mynd at ei mam am wythnos."

Aeth un o feibion Twm George at John Roberts Castle i ddweud ei fod am briodi.

"Ond 'machgan i, dwyt ti ddim yn ddigon call i hynny," meddai JR.

"Wel, pryd fydda i'n ddigon call?" gofynnodd y bachgen.

"Pan roi di'r gora i feddwl am y fath beth," meddai.

Dyma ddau hen gyfaill yn cyfarfod ar y ffordd fawr.

"Wel, Dafydd," meddai Wil, "ble ti'n mynd, mae golwg wyllt iawn arnat ti?"

"Rwy'n mynd i weld y doctor," meddai Dafydd, "dwi ddim yn hoffi golwg y wraig 'cw."

"Mi ddo i efo ti," meddai Wil ar unwaith, "dw inna wedi casáu gweld gwynab nacw hefyd."

Dau wedi byw yn hapus am flynyddoedd oedd Wil a Meri Afon Goch. Chwarelwr oedd Wil ac fel llawer un arall, roedd wedi mynd i gast o gelcio arian heb yn wybod i'r wraig.

Yn sydyn, bu farw'r hen Wil, a threfnodd ei wraig angladd parchus iddo. Wedi hynny, trefnodd i roi carreg fedd hardd arno â'r geiriau *'Rest in Peace'* mewn llythrennau aur arni.

Ond wrth dacluso ar ôl yr angladd, sylweddolodd fod Wil wedi bod yn ei thwyllo gyda'i gyflog trwy gadw arian iddo'i hun.

I ffwrdd â hi'n wyllt ei thymer at y saer maen a gofynnodd iddo a oedd y garreg yn barod. Atebodd ei bod, a dangosodd y garreg iddi.

"Os gwelwch yn dda," meddai, "wnewch chi sgwennu o dan y *'Rest in Peace'* y geiriau *'Until I Come There'*."

Gŵr gweddw oedd Griffith Owen yn trigo mewn bwthyn yn Nant Peris, ac wedi colli ei briod ers amser maith. Ond roedd ei unig fab yn dal adref gyda'i dad ac yntau tua deugain oed. Yr

oedd erbyn hyn wedi syrthio mewn
cariad â geneth o ardal gyfagos. Yr
oedd y ferch yn un eithriadol o
dal ac aeth â hi adref i'w
chyflwyno i'w dad.

 "Wel, da iawn was,"
meddai'r tad, gan edrych
yn ddifrifol ar ei hyd a'i
lled, "mi wnaiff hon rhyngom
ni'n dau."

Roedd William Hughes y
Ffridd, Nantlle, wedi dal y
bws i fynd i Ben-y-groes, ond
roedd y bws yn llawn a
chododd merch ifanc a rhoi ei sedd iddo.

 "Wel, 'steddwch ar fy nglin i, ynte," meddai wrthi wedi
eistedd. Ac felly y bu.

 Hanner ffordd i Ben-y-groes, dyma Wil yn dweud wrth
yr eneth –

 "Mae arna i ofn y bydd rhaid i chi godi, 'ngeneth i.
Dwi'n teimlo'n llawer iau nag oeddwn i'n tybio."

Un fusneslyd iawn oedd 'Rhen Ann oedd yn byw ar Ffordd
Llanllyfni, yn treulio'r rhan fwyaf o'i hamser ar ben y drws yn
gwylio popeth a fyddai'n mynd ymlaen.

 Un pnawn roedd Wil Bach Jane Griffiths yn dod adref
o'r chwarel yn gynnar i fynd i gynhebrwng yn Llanllyfni ac
roedd yn gwybod y byddai 'Rhen Ann yn ei holi.

 "Beth ydi'r mater, William Griffith?" gofynnodd. "'Dach
chi'n dod adre'n gynnar iawn."

"Wedi cael dipyn o ddamwain yn y chwaral 'na ydw i," meddai Wil a thynnodd gynffon waedlyd mochyn o'i boced a'i dangos i 'Rhen Ann. "Wedi torri'r hen gryduras i ffwrdd, cofiwch!" meddai – a diflannodd 'Rhen Ann i'r tŷ heb ddweud gair arall.

Roedd yna barti yn y caban a'r trefnydd wedi gofyn i bawb ddod â rhywbeth yr oedd ganddyn nhw feddwl mawr ohono. Daeth ambell un â hen wats roedden nhw wedi'i chael ar ôl tad neu daid, eraill ag ornament ac ati. Ond roedd un wedi dod â rhywbeth pur wahanol; roedd Twm bach wedi dod â llyfr yswiriant – yr yswiriant yr oedd o wedi ei gael at angladd ei wraig.

Roedd gwraig un o'r chwarelwyr yn gwario llawer ar ddillad newydd bob wythnos. Pan fyddai Wil Bach yn cyrraedd adref o'i waith bob nos Wener byddai hi'n gofyn am ragor o arian. Soniodd Wil am hyn wrth ei bartner yn y chwarel.

"Fyddi di'n rhoi rhagor o arian iddi, Wil?"

"O na," meddai Wil.

"Be mae hi'n ddeud?"

"O, mae hi'n rhoi ei phen yn y gas stôf fel arfer."

"Rargian annwyl! Sut byddi di'n llwyddo i'w chael hi i dynnu ei phen oddi yno?"

"Dim ond dweud wrthi 'mod i'n mynd i roi'r *mains on*."

Roedd gŵr a gwraig newydd briodi, roedd y ddau yn gweithio ac yn bwriadu bod heb blant nes eu bod wedi talu am y tŷ. Aeth misoedd heibio, ond un bore cyn i'r gŵr fynd i'w waith, dywedodd y wraig wrtho –

"Mae gen i ofn 'mod i'n mynd i gael plentyn."

Roedd John wedi dychryn.

"Aros di adra o'r gwaith heddiw, a dos i weld y doctor i Ben-y-groes," meddai. Ac felly y bu.

Pan gyrhaeddodd John adref o'r chwarel, gofynnodd i'r wraig –

"Wel, sut aeth hi, Jane?"

"Wel, mi archwiliodd fi'n iawn ac mi ddywedodd nad oedd dim o'i le, ond bod yna 'chydig o wynt arna i."

"Diolch i'r nefoedd!" meddai John.

Ond dechreuodd y wraig roi pwysau ymlaen, dechreuodd flino a bu raid iddi roi'r gorau i'w gwaith ac ym mis Mai ganwyd merch iddyn nhw.

Un diwrnod aeth y ddau â'r plentyn am dro a phwy stopiodd wrth eu hochr ond y meddyg.

"Bobol annwyl, beth yw hwnna?" meddai'r doctor gan gyfeirio at y babi.

A chyn i'r wraig gael dweud dim, atebodd John –

"Rhech!"

Roedd gan un chwarelwr dyddyn bach ac yn cadw buwch.

"Robin bach, ti'n lwcus fod gennat ti wraig dda," meddai ei gyfaill un diwrnod. "Yn godro bob bore i ti."

"Ia," meddai Robin, "ac os gwelith hi fod 'y mhwrs i'n llawn, mi odrith inna hefyd."

Roedd gwraig Sol wedi anfon am y dyn glanhau simdde. Cyrhaeddodd hwnnw pan oedd yn dechrau tywyllu ac roedd y wraig yn y llofft pan gurodd ar y drws. Gan fod wyneb y dyn yn ddu, yr unig beth a welai Sol drwy'r ffenest oedd y brws glanhau simdde.

"Bet!" gwaeddodd ar dop ei lais, "dwi'n meddwl bod dy fam yn y drws."

Roedd Eos y Berth yn mynd at ei waith i'r chwarel un bore yng nghwmni un o'i gyd-weithwyr, ac meddai'r dyn wrtho –

"Wyddoch chi be, Eos, mae mam-yng-nghyfraith hwn a hwn wedi marw."

"Wyddost ti be," meddai'r Eos, "mae rhwbath yn lwcus yno fo rioed; does 'na fawr ers pan enillodd o gloc ar raffl."

Dyn o Garmel yn dweud unwaith yn y caban –

"Roeddwn yn cerddad adra efo'r wraig neithiwr, ac roedd dau lafnyn yn taflu cerrig. Diawl, mi roeddwn yn lwcus. Carreg yn fflio heibio 'mhen i ac yn taro'r wraig yn ei chefn."

Un noson ddrycinog a Jo'r Gof a'i wraig yn y gwely, deffrowyd y wraig gan ryw sŵn o'r gegin.

"Mae 'na rywun yn y gegin, Jo," meddai wrtho.

"Estyn y fflashlamp i mi!" gorchmynnodd Jo.

"Dydy hi ddim gen i. Mae hi yn y cwt golchi yn y cefn."

"Wel, dos di i'w nôl hi ta, os wyt ti isio i mi weld pwy sydd yn y gegin."

Dyn bychan oedd Tomos William a'i wraig yn ddynes fawr, gref, front, ac yn aml y byddai'r hen Domos yn cyrraedd y chwarel gyda llygad ddu neu anaf ar ei wyneb. Un diwrnod pan gyrhaeddodd y chwarel roedd lwmp fel wy ar ei ben a gofynnodd un o'r hogia iddo beth oedd wedi digwydd.

"Y wraig trawodd fi efo sosban," meddai Tomos.

"A be wnest ti?"

"O, mi es allan, ag, ew, mi rois i gythral o glep ar y drws."

Mae yna lawer o straeon doniol am blant y chwarelwyr a'r digwyddiadau a'r troeon trwstan gyda'r plant a'r teulu, a hefyd am fywyd priodasol ac o gwmpas y fferm a'r tyddyn.

Roedd teulu wedi rhoi'r gorau i brynu eu neges yn y Co-op ym Mhen-y-groes ac wedyn yn cael eu neges yn Siop Now Rowlands. Cafodd y wraig blentyn a phan ddaeth un o'r plant adref o'r ysgol, aeth i'r llofft i weld ei fam a'r bychan.

"Ble cafoch chi hwn, Mam?" gofynnodd.

"O, yn y Co-op."

"Mae'n well i Dad beidio cael clywed. Mi glywsoch o'n deud mai petha sâl sydd i'w cael yn y Coparét."

Roedd bachgen wedi bod adref o'r ysgol a phan ddaeth i'r ysgol y bore canlynol gofynnodd John Roberts yr athro iddo –

"Lle roeddat ti ddoe?"

"Helpu Mam i 'neud jam," atebodd.

"Bobol bach," meddai'r athro, "wyt ti'n gallu gwneud jam?"

"Nadw, Mam oedd yn gneud y jam a'r unig beth roeddwn i'n ei 'neud oedd mynd rownd y fynwant i hel potia."

"Dydy'r adroddiad yma ddim yn adlewyrchu'n dda iawn ar dy waith yn yr ysgol," meddai tad wrth ei fab ar ddiwedd tymor ysgol.

"Ond ylwch, 'nhad, mae'n deud *Good Conduct* arno."

"Ella wir," meddai'r tad, "ond dallt ti, maen nhw'n cael hwnnw yn y jêl."

Roedd plentyn bychan i chwarelwr yn crïo yn ei wely un noson, a daeth ei fam ato a gofyn –

"Be sy'n bod, 'ngwas i?"

"Mae gen i ofn yn y twllwch 'ma."

"Paid â bod ofn, mae Iesu Grist yn gwylio drosot ti. Mae o efo chdi yn y llofft 'ma rŵan," meddai'r fam yn ceisio ei gysuro.

"Mae gan Nain gannwyll yn ei llofft hi. Gofynnwch iddi ga i'r gannwyll – ac mi geith hitha Iesu Grist."

Gwraig un o'r chwarelwyr wedi mynd i Ddinas Dinlle un pnawn braf gyda'i merch a phlentyn arall. Roedd y ferch wedi bod yn y dŵr a'r bychan yn swnian eisiau mynd. O'r diwedd meddai'r fam wrthi –

"Dos â fo am ychydig i'r dŵr ond cymra bwyll, cofia mai bychan ydi o."

Ymhen ychydig gwelodd y fam y ferch yn cerdded yn y dŵr heb ddim ond ei phen a'i hysgwyddau yn y golwg. Gwaeddodd ar ucha'i llais –

"Ble mae Siôn?"

Ac meddai'r ferch –

"Peidiwch â phoeni, Mam – mae o yn fy llaw i!"

Pan fyddai rhywun wedi marw, roedd hi'n arferiad yn yr ardal i fynd i'r cartref a rhoi arian (mynd i 'ddanfon' yw'r term ar lafar). Byddai rhai yn rhoi'r arian yn llaw'r weddw, eraill yn ei roi mewn powlen ar y bwrdd.

Roedd un dyn wedi cael ei anfon i gartref gwraig oedd newydd golli ei gŵr a phan ddaeth yn ôl adref, gofynnodd ei wraig iddo – "Roist ti arian yn y bowlen?"

"Naddo wir," meddai, "doedd yna ddim lle – roedd hi'n llawn i'r top."

Yn gyffredinol, roedd y bywyd yn yr ardaloedd chwarelyddol yn galed – tai gwael a'r arian yn brin.

Roedd hi'n adeg rhyfel 1915 ac roedd Twm a'i wraig yn y tŷ a dyma gnoc ar y drws, a phwy oedd yna ond y sarjant.

"Mae gynnoch chi ola' yn y ffenast 'ma," meddai. "Mae'n rhaid ichi gael bleind du."

"Wn i ddim sut y cawn ni bres i gael un," meddai'r wraig.

"Wel yli," meddai Twm, "y peth dua sydd gynnon ni ydi'r bil siop 'ma. Rho hwnnw dros y ffenast."

Yn yr hen amser, yr arferiad fyddai talu am y neges yn y siopau ddiwedd yr wythnos, ac weithiau roedd hi'n anodd cael dau ben llinyn ynghyd a'r bil o ganlyniad yn mynd yn fwy. Yr oedd un hen wreigan yn cerdded adref gyda'i neges pan waeddodd bachgen arni –

"Rydach chi wedi colli'ch llyfr," sef ei llyfr neges, oedd yn nodi beth oedd arni.

"Diolch o galon iti, 'machgen i. Mi fasa'n well gen i ddangos fy mhen-ôl nag i neb weld hwn."

Pan fyddai yna ddim gwaith i'w gael, byddai bwyd yn brin. Un tro roedd Dic Ifan, Bodesi ger Llyn Ogwen, yn sôn am ŵr o'r ardal. "Mae o'n rhy ysgafn i'w grogi," meddai, "ac yn rhy denau i'w saethu!"

Roedd rhai yn benderfynol o gael bywyd gwell i'w hunain a'u teuluoedd ac yn teithio o'r ardal i chwilio am waith. Âi rhai i byllau glo'r de, ond âi rhai cyn belled ag America.

Byddai ambell frodor o Ddyffryn Nantlle wedi bod yn America ac yn hoffi rhamantu ynglŷn â'r hyn a welodd ac a glywodd yno.

Soniai un am y tywydd oer oedd yno, gan roi enghraifft ohono'i hun yn sefyll ar un o strydoedd Efrog Newydd pan basiodd y band. Gwelai'r dynion yn chwythu gymaint ag a fedren nhw i'w cyrn ond doedd dim sŵn yn dod allan o gwbl – a hynny am fod y nodau wedi rhewi!

Safai yn yr un fan yn union yr haf dilynol, meddai, a'r gwres yn llethol. Clywai fiwsig band a dim band yn unlle i'w weld. Cofiodd am y band yn mynd heibio yn y gaeaf – nodau'r band hwnnw oedd wedi dadmer, meddai!

Ymfudodd llawer o chwarelwyr i America, ac ymsefydlu yn ardal y chwareli yno, yn cynnwys Granville a llefydd eraill. Wedi iddyn nhw gasglu ychydig o arian, doi llawer drosodd i'r hen wlad am dro.

Ond roedd un a adawodd Ddyffryn Nantlle yn gymeriad ar ei ben ei hun. Er ei fod cystal chwarelwr â'r un ohonyn nhw, doedd o'n cadw dim ar gyfer talu am y fordaith yn ôl i Gymru, ac felly bu'n rhaid iddo aros yno.

Un tro, pan oedd ei gyfeillion yn paratoi i hwylio drosodd, gofynnodd un iddo –

"Bob, pryd wyt ti'n bwriadu mynd am dro i'r hen wlad?"

"Pan fedra' i nofio," atebodd.

Roedd criw wedi mynd i ben bont stesion Tregarth i wylio'r trên yn mynd i fyny ac i lawr i Fangor o Fethesda. Ac yn eu mysg byddai John Pritchard, neu John P, oedd wedi bod yn byw yn America am gyfnod.

Wrth i'r trên ddwad i lawr o dwnnel Cerrig Llwydion mae yna dro garw, ac roedd y trên yn dod i'r golwg yn sydyn.

"Wel," meddai un o'r hogia, "tro reit siarp 'di hwnna."

"Bobol bach," meddai John P, "dydy hwnna'n ddim byd, hogia. Fues i'n America ac mi ro'dd 'na droiada mor ofnadwy yn fanno, mi o'dd y dreifar a'r giard yn ysgwyd llaw â'i gilydd."

Yn ôl John P, roedd trenau America yn teithio'n gyflym ofnadwy. Roedd mewn trên unwaith a hwnnw'n mynd heibio caeau lle'r oedd yna datws a rwdins a chabaij a phob math o lysiau wedi eu plannu.

Yn wir, meddai John P, roedd y trên yn teithio mor ofnadwy o gyflym nes oedd y caeau yr un fath â lobsgows!

Ond aros adref a wnâi'r rhan fwyaf, a hynny yn eu cymunedau Cymraeg. Dim ond rhyw grap ar y Saesneg oedd gan lawer o'r chwarelwyr ac mae llawer stori dda am y trafferthion a gafodd rhai wrth ymdrechu i'w siarad tra oedd rhai eraill yn mynd ar gyfeiliorn wrth gamddeall yr iaith fain.

Mi roedd yna geid yn y chwarel yn mynd â phobol ddiarth o gwmpas i ddangos y chwarel iddyn nhw. Byddai ganddo focs ar ei gefn i hel arian i'r Groes Goch a'r ysbyty ym Mangor. Doedd ganddo fawr o Saesneg, ac felly mi fyddai'n mynd â nhw i ben yr ymyl a phwyntio i lawr ac i fyny a dweud –

> "Sî ddy Penrhyn cwari
> Sî ddy tolcan mawr
> Sî ddem taflu fyny
> And sî ddem taflu lawr."

Llnau'r ffordd oedd gwaith William Wmffra, ac un diwrnod dyma heicar o Sais yn dod ato a gofyn –

"*I say, Bill, how many miles to Bethesda?*"

A dyma William yn sbïo arno – "*How did you know my name was Bill?*"

"*I guessed,*" atebodd y Sais.

"*Well, guess how many bloody miles to Bethesda then,*" meddai William.

Roedd y prifathro'n un strict ofnadwy a phawb ei ofn. Roedd yna ddau frawd yn byw yn Ffordd Tanrhiw, James Jones a Christmas Jones. Daeth James yn hwyr i'r ysgol rhyw fore, a dyma Mistar Brock yn gofyn iddo –

"*Where have you been, Jim?*"

"*Coming, sir,*" atebodd.

"*So is Christmas,*" ychwanegodd yr athro.

"*Yes, sir, by Llidiart Dŵr!*"

Roedd Ned yn byw yn y Perthi, Tregarth, ac roedd o wedi colli diwrnod o'r ysgol. Pan ddaeth yno'r diwrnod canlynol, gofynnodd Mistar Brock iddo –

"Where were you yesterday?"

"Sir, I was taking the cow to the bull," meddai Ned.

"Good gracious," meddai Mistar Brock, *"couldn't your father do a simple job like that?"*

"No, sir," meddai Ned, *"it had to be the bull."*

Pan oedden nhw'n gwneud y lein o Fangor i Fethesda, dywedodd Gwyddel oedd yn gweithio arni y byddai'n siŵr o gael y gorau ar Griffith Jones. Un diwrnod, gofynnodd y Gwyddel iddo –

"Have you got any bacon here, Mr Jones?"

"Yes," atebodd yntau.

"Give me one yard of it please," meddai'r Gwyddel.

Lapiodd Griffith Jones dri troed mochyn mewn papur ac ysgrifennodd arno, *Three feet makes one yard.*

Wrth weld Wmffra Bach Ogwen yn lladd gwair ger Ogwen Bank, ceisiodd y Parchedig David Adams godi sgwrs ag o.

"Lladd gwair sy'na, Wmffra?"

"Wel ia, tipyn bach."

"Sut fin sy ar y pladur?"

"Wel, go lew wir."

"Rydach chi wedi cael stric newydd hefyd, mi ddyliwn i. Un *home made* ydi o, Wmffra?"

"Home made, nage neno'r tad – y fi gnath hwn fy hun."

Roedd Dafydd Leis Elin wedi mynd at y meddyg i Ben-y-groes, ond roedd y meddyg wedi mynd ar ei wyliau ac roedd yna feddyg o Sais yn ei le. Pan aeth Dafydd i mewn ato, dechreuodd y meddyg edrych ar records Dafydd ac meddai –

"You haven't been here, according to your record, for – let me

69

see, fifteen years! You deserve something special." Doedd Dafydd yn fawr o Sais, ond roedd wedi deall rhyw gymaint ar y meddyg. Gofynnodd y meddyg iddo fynd i'r stafell aros ac y byddai yn anfon potelaid o ffisig iddo.

"*Sit down there for the present,*" meddai.

Eisteddodd Dafydd a chyn hir daeth merch oedd yn gweithio i'r meddyg ato a rhoi potelaid o ffisig iddo. Arhosodd Dafydd yn y syrjeri er hynny, a chyn hir doedd yna neb arall ar ôl yno. Daeth y ferch ato a gofyn iddo oedd yna rywbeth arall oedd arno ei eisiau.

"Mae'r meddyg wedi dweud wrtha i am eistedd yn y fan hyn tan ga' i 'mhresant."

Daeth Sais i gadw siop yn Nhal-y-sarn – dyn o'r enw Mr Paton. Byddai'n gwerthu dillad i bobl y pentref a hwythau'n talu fel y gallen nhw.

Un dydd Gwener aeth bachgen bach a Wil ei dad am dro i'r pentref, ac yn ymyl siop Mr Paton roedd cynhebrwng rhyw hen wraig. Aeth Wil at un oedd yn sefyll yn ymyl a gofyn iddo –

"Pwy maen nhw'n ei gladdu?"

Ond fel roedd hi'n digwydd, Sais oedd hwnnw hefyd, a wnaeth o ddim deall beth ofynnodd Wil iddo.

"*Pardon?*" meddai.

"Paton! Diolch i'r nefoedd," meddai Wil gan droi at ei fab. "Mi gei fynd i Rhyl efo'r trip fory wedi'r cwbwl."

Pan oedd yr orsaf ym Mhen-y-groes, aeth gŵr a gwraig yno i ddal y trên i Lundain. Rhoddodd yr hen fachgen ei arian i dalu am docynnau. "Dau *return* i Lundan," meddai.

Cymrodd dyn yr orsaf yr arian ac meddai, "*Change at Chester.*"

"Dim diawl o beryg – dwi isio'r newid rŵan, boi bach!"
Ac mae'r stori yna wedi ei dweud ym Mlaenau Ffestiniog hefyd.

Yr ochr arall i'r ffordd o chwarel Dorothea, saif Plas Tal-y-sarn,
ble trigai perchennog chwarel Tal-y-sarn yn yr hen amser – dyn
o'r enw Robinson.

Un tro digwyddai fod defaid rhywun yn tresmasu ar dir
y gŵr bonheddig ac aeth un o'r dynion i'w hysbysu. Doedd y
gŵr bonheddig ddim mewn tymer rhy dda ar y pryd, ac
atebodd, *"Go to hell!"*

"Dos i hel nhw dy hun," meddai'r cymwynaswr.

Roedd hen fachgen wedi syrthio oddi ar ei feic ac wedi brifo'n
reit hegar. Ond ymhen wythnos neu ddwy roedd wedi gwella,
ond fod y ddamwain wedi gadael craith go ddrwg ar ei wyneb.

Un noson, aeth i mewn i'r Victoria ym Mhen-y-groes am
botel cyn mynd adref, ac yno'n eistedd roedd ffrind iddo o
Nantlle. Tra oedd yn trafod ei ddamwain, a'r cyfaill yn sylwi ar
ei graith, cerddodd doctor, a oedd ym Mhen-y-groes ar ei
wyliau, i mewn ac archebu potel o stowt.

"Pam na ofynni di i'r doctor faint gostiai i ti gael grafftio
croen arall ar dy wyneb i guddio'r graith?" awgrymodd ei
gyfaill.

"Syniad da iawn," meddai ac aeth at y doctor a gofyn
iddo, *"Excuse me, sir. How much would it cost me to graft new skin on
this face?"*

Edrychodd y doctor arno ac meddai dan wenu, *"Three
guineas."*

Aeth yr hen fachgen i'w boced a thynnodd ei arian allan
gan weiddi ar y tafarnwr, "Dyro dair potel o Guinness i'r gŵr
bonheddig yma."

Un tro, daeth criw o Saeson at Wil Rich –

"Good morning, can you tell me the way to the mountain?" gofynnodd un ohonyn nhw.

"Which part of the mountain you want to go?" gofynnodd Wil.

A dywedodd y Sais wrth Wil i ble'r oedd o eisiau mynd.

"You be careful now," rhybuddiodd Wil.

"O, we will," meddai'r Sais. *"Don't you worry."*

"Mind for fear you get lost," ychwanegodd Wil.

"Oh! We do have a map you know."

"Look here," meddai Wil, *"the mist is not on the map."*

Roedd un o gymeriadau Bethesda wedi mynd yn foel yn ifanc. Bu'n cynilo ei arian ac un diwrnod aeth draw am Gaer i brynu gwallt gosod. Wedi rhoi rhyw hanner dwsin ohonyn nhw ar ei ben, mi benderfynodd ar un oedd yn ei siwtio.

"How much is it?" gofynnodd.

"17/6 plus tax."

"Never mind the tacks," meddai, *"I'll use glue!"*

Un o gymeriadau chwarel Dinorwig oedd Wil Celwydd Gola. Un yn enedigol o Fôn oedd o, ac yn byw yn Neiniolen. Roedd ganddo stôr dda o straeon celwyddog a hoffai eu hadrodd yn y pentref a'r chwarel.

Un tro, meddai, roedd ganddo filgi cyflym i ddal sgwarnog a chwningen, ond trwy ryw anffawd bu farw'r hen gi. Blingodd Wil y ci a gwnaeth wasgod iddo'i hun efo'r croen. Ymhen blynyddoedd, aeth Wil am dro ar hyd y fro gyda'i ffon, ac yn wir, dacw sgwarnog yn codi'n sydyn oddi ar ei gwâl.

"A wir i chi," meddai Wil, "dyma'r wasgod oddi amdana' i fel ergyd gwn."

Dro arall, roedd Wil wedi mynd am dro i Bwllheli ar gefn ei feic. Pan oedd ar gychwyn adref, dechreuodd fwrw glaw, a dyma godi sbîd, ac meddai Wil –

"A phan gyrhaeddais i Gaernarfon, roedd yr olwyn ôl yn wlyb domen a'r olwyn flaen yn berffaith sych!"

Yn ôl Wil, roedd o wedi bod mewn llongddrylliad un tro, a hynny wedi digwydd yn agos i'r lan. Roedd y llong yn cario llwyth o orenau, a chan fod yr orenau ar wyneb y dŵr ymhob man, doedd dim amdani ond camu o oren i oren nes cyrraedd y lan!

Yn ôl Wil, roedd o wedi bod yn Affrica, lle'r oedd llew mawr yn poeni'r brodorion. A dyma ofyn i Wil ei ddal.

Cafodd Wil afael ar fwrdd du mawr, a dyma fo'n gwneud llun oen arno a rhoi dipyn o baent coch fel gwaed arno. Wedi gwneud hyn, cuddiodd Wil y tu ôl i'r bwrdd du a morthwyl yn ei law. Dacw'r llew yn ymddangos ac yn plannu ei ewinedd trwy'r bwrdd du, a Wil yr ochr arall yn clensio'r ewinedd â'r morthwyl – ac felly y daliwyd y llew!

Ond ychydig iawn o deithio oedd yna mewn gwirionedd yr adeg hynny. Un tro gofynnodd merch o'r Felinheli i OT o Rostryfan lle'r oedd Rhostryfan. "Y tu draw i Gaernarfon," atebodd.

"O," meddai. "Oes yna fôr yn Rhostryfan?"

"Nagoes," atebodd OT, "ond rydan ni'n hel i gael un!"

Roedd bachgen ifanc wedi dechrau yn Chwarel Penyrorsedd ac yr oedd o'n un celwyddog heb ei ail. Yr oedd wrthi'n palu celwyddau un diwrnod, pan ofynnodd rhywun i ddyn o'r enw Stagun –

"Pa bryd mae hwn am ddechra deud y gwir, 'da?"

"Bora fory, ar ôl paned naw," meddai Stagun.

Roedd pawb yn methu deall beth oedd gan Stagun o dan ei het.

Arferiad y chwarelwyr oedd mynd â the oer mewn potel a'i roi ar y stôf i dwymo. Bore trannoeth aeth yr hogia am baned, a phawb yn cymryd swig o'u poteli. Cymerodd y bachgen celwyddog swig o'i botel, ond yn hytrach na'i lyncu, poerodd o allan.

"Mae yna flas piso ar hwn," meddai.

A dyma Stagun yn mynd at y gweddill a dweud –

"Wel, dyna i ti'r gwir cyntaf mae o wedi'i ddweud ers pan ddechreuodd o yn y chwarel 'ma!

Oedd, roedd Stagun wedi bod yn y botel o'i flaen o.

Allwch chi ddim peidio â chwerthin weithiau pan glywch chi stori am rywun yn rhoi ateb cwbl ddiniwed oherwydd cam-ddeall neu anwybodaeth.

Roedd hen ferch o Lanberis yn byw yn bur gyffredin, ac erioed wedi bod ymhell o'i chartref. Ond daeth angen arni am wely newydd, a mentrodd i lawr i Gaernarfon i siop ddodrefn yno. Gofynnodd i'r siopwr am wely newydd.

"Mae'n ddrwg gen i," meddai'r siopwr, "does dim ond *spring beds* i mewn ar hyn o bryd."

"O, wel," meddai'r hen ferch, "dydy un ar gyfer y *spring* yn da i ddim i mi, dwi isio un am y gaea' hefyd."

Roedd un o gymeriadau Stiniog, nad oedd yn cael ei gyfri yn llawn llathen, wedi gorfod mynd i'r seilam. Ymhen amser, aeth cyfaill i edrych amdano a daeth o hyd iddo yn y gerddi yn hwylio berfa olwyn o gwmpas, a honno â'i hwyneb i lawr a'i thraed i fyny.

"Be wyt ti'n 'i wneud yn hwylio'r ferfa 'na fel'na," gofynnodd yn syn.

"Wel," atebodd, "pe tawn i'n 'i throi hi y ffordd iawn i fyny, mi fasa'r bobol 'ma yn rhoi rhwbath ynddi hi. Maen nhw'n meddwl nad ydw i ddim yn gall, wsti."

Roedd Wil Mynydd o Stiniog, hefyd, wedi gorfod mynd i'r seilam ac un o'i gyfeillion wedi mynd i'w weld. Cafodd Wil ganiatâd i fynd â'i gyfaill o gwmpas i ddangos y lle iddo. Wrth fynd o fan i fan mi ddaethon nhw i ryw gyntedd lle'r oedd cloc wyth diwrnod hen ffasiwn.

Safodd cyfaill Wil o'i flaen a thynnu ei wats o'i boced a'i chymharu efo'r cloc.

"Dydi'r cloc yma ddim yn iawn, Wil," meddai.

"Nag ydy, siŵr, neu fasa fo ddim yn fan hyn."

Roedd tynnu coes a chwarae triciau yn digwydd byth a hefyd a phawb yn disgwyl am ei gyfle. Rhai yn nodedig am dynnu coes, yn enwedig ar ambell un oedd yn groendenau neu'n dipyn o lanc.

Cynhelid raffl yn y chwarel yn aml i godi arian at wahanol achosion da, ond roedd yna un dyn yr oedd hi'n anodd iawn ei berswadio i brynu ticad. Un tro, wedi hir berswâd, cytunodd i brynu rhif 34.

Ond tric oedd y cyfan, dim ond rhif 34 oedd wedi cael ei werthu, a hynny'n fwriadol er mwyn i Wil gael ennill.

Roedd y dyn oedd i dynnu'r ticedi o'r het eisoes â rhif 34 wedi ei guddio yn ei law a chymerodd arno ei dynnu allan.

"Rhif 34 sydd wedi ennill y wobr o *coat hanger* a *lighter!*" gwaeddodd.

"Fi sydd wedi ennill," meddai Wil a chafodd barsel i fynd adref gydag o.

"Mi fues i'n lwcus yn y gwaith heddiw," meddai wrth ei wraig. "Mi enillis i *coat hanger* a *lighter*."

Agorodd y wraig y parsel a dyna lle'r oedd y *coat hanger* a *lighter* – hoelen a matsen!

"Lle buost ti heddiw?" gofynnodd Ned i'w ffrind.

"Chwilio am waith yn Nrws y Coed," atebodd.

"Does 'na ddim byd yn y fan honno," meddai Ned.

"Oes tad, mae 'na waith corn bîff."

Gwyddai Ned ei fod yn tynnu ei goes a phan ofynnodd ei ffrind iddo lle'r oedd o'n mynd yn ddiweddarach yn y dydd, atebodd Ned o –

"Dwi am fynd i weld y regata yng Ngarn-dolbenmaen. Wyt ti am ddwad?"

Ond y math o hiwmor sy'n nodweddiadol o ardal y chwareli yw'r atebion parod, sydyn a deifiol weithiau sy'n ymddangos yn greulon iawn i bobl groen denau ardaloedd eraill.

Un dydd roedd Bob yn cerdded ar hyd stryd fawr Blaenau Ffestiniog gan frasgamu'n wyllt a golwg mynd ar neges arno. Pwy ddaeth i'w gyfarfod ond y meddyg lleol, Dr Roberts Isallt, un braidd yn fusneslyd.

"I ble ti'n mynd, Bob?" gofynnodd.

"Wedi bod dwi," meddai Bob ac ymlaen heb arafu dim ar ei gam.

Dro arall roedd Bob yn hwylio berfa olwyn ar hyd stryd yn y Blaenau ac ynddi roedd bagiad o sment mewn bocs. Daeth gŵr go bwysig i'w gyfarfod, a gofyn yn wawdlyd –

"Ai mwnci sy gin ti yn y bocs 'na, Bob?"

"Ia," meddai Bob. "Neidia i mewn. Mae 'na ddigon o le i ddau ynddo."

Adeg y Rhyfel Byd Cyntaf, wrth gerdded stryd fawr y Blaenau, daeth Bob wyneb yn wyneb â rhingyll yn y fyddin. Gofynnodd Bob iddo –

"Am be gest ti'r streips yna?"

"Ches i mo'nyn nhw am ddiogi, yn siŵr i ti," atebodd y rhingyll.

"Naddo, reit siwr," meddai Bob, "neu mi fasat ti'n streips o dy gorun i dy sawdl."

Mi ddigwyddodd yr un peth yn hanes Twm George ym Methesda a'r un ateb roddodd o hefyd ond mi ddwedodd Twm y bydda'r sarjant yn edrych fel sebra!

Creadur o Dal-y-sarn oedd Bob Teliffon; roedd ei wraig yn gyfrifol am lanhau ciosg enwog Tal-y-sarn. Roedd Bob Teliffon yn gweithio'r tomennydd, ac un diwrnod daeth John Roberts, Gallt Fedw, heibio a dweud wrth Bob ei fod dros y terfyn.

"Sut wyt ti mor saff o dy bethau?" gofynnodd Bob.

"Wel, mae gen i fap i ddangos mai fi pia'r fan yma."

"Dydi hynny'n profi dim," meddai Bob. "Mae gen i fap o'r Aifft yn y tŷ 'cw, ond dydi hynny ddim yn dweud mai fi pia fo."

Dyn tal, tenau gyda locsyn main oedd Wil Sowth. Roedd yn gweithio yn y Cilgwyn ac yn cael ei gyfri'n un o'r holltwyr gorau yn y dyffryn. Yr oedd wrthi'n hollti a dau neu dri o'r chwarelwyr yn ei wylio a phawb yn tynnu sylw at ei locsyn. Wedi peth amser, roedd wedi cael digon ar hyn a chyfeiriodd at y ffaith ei fod wedi gweld gwraig un o'r hogia yn cario glo o dop y cae at y tŷ.

"Peth rhyfedd oedd gweld gwraig yn cario glo," meddai Wil.

"Dim rhyfeddach na gweld bwch gafr yn hollti," meddai'r llall.

Roedd hen ŵr a hen wraig yn byw mewn bwthyn bychan, ac yn eu ffordd o fyw roedd un rheol bendant bob nos, sef gofalu rhoi'r gath allan cyn mynd i noswylio.

Un noson, roedd Catrin y wraig wedi mynd i'r gwely o flaen John y gŵr. Toc, dyna hi'n galw arno fo –

"John," meddai, "pam wyt ti'n tindroi mor hir yn y gegin 'na?"

"Aros am funud," meddai John, "i mi gael y gath i'r tŷ, i mi gael ei rhoi hi allan."

Roedd gan un chwarelwr drwyn hir. Un diwrnod, roedd yn cael sgwrs efo ffrind.

"Wil, mae 'na bry cop ar dy drwyn di," meddai'r ffrind.

"Hel o i ffwrdd 'ta, rwyt ti'n nes ato na fi."

"Glywaist ti am yr hen Guto?" gofynnodd rhywun.

"Beth sy'n bod?" gofynnodd y llall.

"Wel, mi cafwyd o wedi marw ar ei eistedd wrth y drws."

"O, mi fu farw fel y bywiodd o, felly."

Roedd merch un chwarelwr wedi priodi gyda meddyg o Lundain, a byddai'r tad wedi ei wisgo'n dwt a thaclus bob amser – dillad da amdano, beic newydd, wats aur ac yn blaen, a'r arferiad ganddo fyddai dweud –

"O, gan ŵr y ferch 'cw y ces i o," am y wats, y beic a'r dillad. Yn wir, bob tro y byddai'n cael rhywbeth newydd, gŵr y ferch oedd wedi ei brynu.

Un amser cinio, roedd criw ohonyn nhw'n chwarae cardiau ac roedd hwn yn eu mysg. Pan roddodd ei gardiau i lawr, ac yntau wedi ennill, gofynnodd un o'r hogia iddo –

"Lle gest ti'r cardia da yna? Gan ŵr y ferch?"

Yr oedd Dafydd Jones wrthi'n bwyta'i frecwast a'r wraig yn brysur yn tacluso'r gegin.

"Mae'r wy 'ma'n ddrwg!" meddai Dafydd wrthi.

"Paid â mwydro. Nac ydi siŵr. Mae o'n ffresh o'r ffarm ddoe."

"Wel, mae hwn yn bendant yn ddrwg."

"Paid â bod yn ffysi, byta fo neu mi fyddi di'n hwyr yn y chwaral."

"Dweud i mi 'ta," meddai Dafydd. "Yr adenydd 'ta'r coesa dwi fod i fyta gynta?"

Roedd Wil Diafol wedi mynd i Ben-y-groes at y deintydd. Cafodd y deintydd gryn drafferth gyda'r dant, ond o'r diwedd daeth allan ac meddai wrth Wil –

"Be wna i efo fo, dwad?" gofynnodd gan gyfeirio at y dant.

"Mi gei gadw'r dant," meddai Wil, "ond tyrd â'r gyms yn ôl."

Roedd un o'r hogia am fynd ati i llnau'r caban un diwrnod ond roedd rhywun wedi cuddio ei frws llawr. Daeth Dic i mewn a gofynnwyd iddo oedd o wedi gweld y brws.

"Dydi o ddim wedi mynd yn bell – does ganddo ond un goes."

"Roeddwn i'n gwneud tân bore 'ma – a dyna bwff allan o'r grât
a'm taflu ar wastad fy nghefn," meddai chwarelwr yn y caban
amser paned.

"O," meddai ei bartner, "mwg taro oedd o."

Un diwrnod gwyntog daeth Robert Jones, Tŷ Gwyn, i chwarel
Penyrorsedd wedi lapio crafat o amgylch ei ben. Pan welodd y
stiward o, dywedodd wrtho –

"Rydach chi wedi lapio'n arw o gwmpas eich pen,
Robert Jones."

"Ydw," meddai, "mae gofyn gneud, gan fod cymaint yn y
chwaral 'ma heb yr un."

Fel y gwyddom, yn ôl y sôn, mae glaw Ffestiniog yn ddihareb.

Un diwrnod, safai dau gyfaill ar y ffordd i Dal-y-sarn yn gwylio'r cymylau yn yr awyr a chan ei bod yn dywydd reit wlyb, dywedodd un –

"Mae hi'n siŵr o fwrw glaw eto; 'drycha ar y cymyla mawr 'cw."

"Na, camgymeriad ydi hynna. Cymyla gweigion ydi'r rheina'n dwad yn ôl o Stiniog."

Roedd hen chwarelwr o Ddeiniolen yn cerdded efo'i gyfaill un bore, a phan oedd yn mynd heibio Eglwys Llanddinorwig, cododd ei ben gan gyfeirio at y fynwent.

"Wel, 'r hen frawd," meddai, "yn y fan yna y byddwn ninnau ein dau, os byw ac iach."

Cymeriad od oedd yr hen Ddoctor Castell o Blas Eryr, Clwt y Bont. Un diwrnod, roedd ar ei ffordd heibio Mynwent Macphela yng nghwmni cyfaill iddo. Trodd yn sydyn a'i olwg at y fynwent ac meddai wrth ei gyfaill –

"Weldi," meddai, "mae llawer yn y fan yna am eu bod nhw heb dalu eu bilia i mi."

Roedd Thomas Hughes a Robin Ffreiars yn torri clawdd drain a dyma ryw ddyn yn dwad ar hyd y lôn efo *attache case,* het galed a throwsus streips.

"Rargian fawr, pwy 'di'r dyn yna?" gofynnodd Thomas.

"O, rhyw hen ddiawl sy'n cael mwy na hannar awr i ginio ydi o."

Roedd Wil a rhai o'i bartneriaid wedi bod mewn angladd ym mynwent y pentref, ac wedi i'r gwasanaeth ddarfod yn cerdded ar hyd y llwybr o blith y beddau. Ac yntau'n gaeth iawn ei frest – fel sawl chwarelwr wedi oes yn yr holl lwch – dechreuodd un ohonyn nhw besychu'n arw a gorfu iddo aros yn ei unfan nes i'r pwl pesychu fynd heibio.

Safodd Wil yn ei ymyl gan edrych yn sobr arno, ac yna gofyn iddo'n ddi-wên –

"Wyt ti'n meddwl ei bod hi'n werth iti fynd adre, dwad?"

Roedd dau deulu oedd yn byw drws nesa i'w gilydd wedi ffraeo ers rhai blynyddoedd – er bod y ddau ŵr yn cael peint yn yr un lle – Half Way, Tal-y-sarn, ac yn taflu ergydion geiriol at ei gilydd bob hyn a hyn.

Cyn mynd am beint un noson, roedd gwraig un wedi dangos y dillad oedd ar y lein drws nesaf.

"Edrycha arnyn nhw," meddai. "Mae'r sopan wedi anghofio rhoi sebon yn y dŵr."

Wedi i'r dyn dillad budr gael ei beint, dyma'r llall yn sibrwd yn uchel wrth gyfaill iddo –

"Mae'r bobol drws nesa' 'cw yn ffrindia efo'r dyn glo 'sti."

"Ydyn?" gofynnodd y llall mewn cryn benbleth.

"Ydyn, maen nhw'n golchi ei sacha glo fo a'u rhoi nhw ar y lein i sychu!"

Roedd dau ddyn o'r Dyffryn wedi mynd i ysbyty yn Lerpwl a'r ddau wedi cael llawdriniaeth yr un amser, a'r ddau hefyd wedi cael eu rhoi mewn gwlâu ochr yn ochr. Yr oedd Wil yn cwyno efo'i ochr ac meddai wrth Twm –

"Dwi'n siŵr fod y doctor wedi gadael *forceps* y tu mewn i mi."

"Dwi inna'n teimlo'n ddigon rhyfedd," atebodd Twm. "Dwi'n dechra cofio pan oeddwn i'n dod ataf fy hun ar ôl cael y pwytha, mi glywais un doctor yn gofyn i'r llall: 'Welsoch chi fy het i?' Mae'n gwneud i ddyn feddwl, yn tydi?"

Yr oedd Tec Bach wedi cael gwahoddiad i fynd i Ganada at ei gefnder. Roedd yn yr Hotel, y Nantlle Vale, un noson yn dweud yr hanes pan ddaeth perthynas iddo i mewn, Wil Tan Graig, oedd yn dorrwr beddau. Gofynnodd Tec iddo –

"Wel, wyt ti am roi rhywbeth i mi cyn i mi fynd i Ganada? Hwyrach na weli di byth mohona i eto."

"Hwyrach," meddai Wil. "Mi ddeuda i be wna i efo chdi. Mi dorrai dwll i ti, ac mi gei di fynd â fo efo chdi."

Roedd un o'r chwarelwyr yn byw yng Nghaeathro ac yn cwyno bob dydd fod y bws a gâi i Gaernarfon yn gollwng dŵr fel gogor.

Un diwrnod, roedd yn disgwyl y bws efo'i gyfaill ac ambarél ganddo'n barod am y glaw. Dyma'r bws yn dod, ond roedd hon yn ddybl-decar.

"Wel, John," meddai'r ffrind, "mi ddylai hwn ddal dŵr. Mae yna ddau do arno."

Un tro, roedd Bob Jones yn pwyso ar giât y fynwent a dyma gar crand yn tynnu i fyny a dyn diarth yn dod ohono. Aeth i mewn drwy giât y fynwent, ac wedi edrych o'i gwmpas, dyma fo'n gofyn i Bob –

"Sgwn i faint o bobol wedi marw sydd yna mewn lle fel hyn?"

"Pob un gobeithio," atebodd Bob.

Roedd yn rhaid i Huw Pitar unwaith draddodi araith fyrfyfyr ar y testun 'Dŵr'.

"Dwfr," meddai Huw. "Cofiwn, gyfeillion, am holl rinweddau dwfr – mae dwfr yn dda i bob peth."

Gwaeddodd ei dad arno o'r dyrfa. "Na'di, Huw bach, un gwael ydi o am gynnau tân."

Gwelodd Doctor Lloyd, Bethesda, ddau ddyn wrth ochr y ffordd wrth iddo fynd yn ei gar. Trodd at Ned ei was a gofyn pwy oedden nhw.

"Wel, dyn diarth ydy hwnna ar y dde," meddai Ned, "ond wn i ddim pwy 'di'r llall."

"Pam na cherddi di fel rhywun arall, a pheidio bod mor ffroen-uchel," meddai Llystyn wrth Siôn Parri.

"Petai dy fam wedi gwneud gwasgod o ben-ôl trowsus dy daid i ti," meddai Siôn, "dwi'n siŵr y basa titha, hefyd, yn codi dy ffroen yn o uchel."

Roedd gwraig o Lanberis yn siopa yng Nghaernarfon, ac ar ôl hel llond ei basged o nwyddau i ffwrdd â hi am y bws dybl-decar, ond cofiodd yn sydyn am ryw neges arall. Roedd ganddi ryw bum munud wrth gefn felly i ffwrdd â hi ar frys ar draws y Maes i siop Evan Jones, *Ironmonger*. Gofynnodd yn sydyn i'r dyn y tu ôl i'r cownter –

"Ga i drap llygod bach plîs – a brysiwch mae arna i isio dal dybl-decar!"

Mae'r chwarelwr wedi ei bortreadu fel gŵr cadarn a diwylliedig yn ein llenyddiaeth ac mae'n siŵr mai pobl felly oedd y mwyafrif ohonynt. Ond roedd yna fath arall hefyd oedd yn hollol wahanol – adar brith, rheglyd a chwbl ddidoriad, na ellid mentro rhoi unrhyw fath o gyfrifoldeb arnynt. Ond mae ambell ffŵl wedi gadael ei hanes ar ei ôl.

Byddai rhai o'r bechgyn yn cael ambell joban gan Bob Ifan y becar. Un diwrnod aeth bachgen ato nad oedd wedi bod yno o'r blaen.

"Rho saim ar waelod y tunia bara 'na erbyn y bore," gorchmynnodd y becar.

Bore trannoeth, ac yntau wedi codi'n fore i bobi bara, aeth at y tuniau. Roedd y llanc wedi rhoi'r saim oddi tanyn nhw!

Roedd Wil yn mynd i'w waith un bore a gwelodd Robert Jones yn gwthio ffon o dan ei ddrws. "Be wyt ti' neud?" gofynnodd.

"Dwi'n arfar cloi'r drws bob bora cyn mynd i'r gwaith – a stwffio'r goriad i mewn oddi tano," meddai. "Ond heddiw, dydw i ddim yn siŵr os ydw i wedi ei gloi o – a dwi'n trio cael y goriad allan."

"Mae cwyn wedi dod oddi wrth ddyn gafodd lwyth o lechi," meddai'r stiward wrth y pigwr llechi. "Wyt ti'n cofio fis yn ôl pan anfonwyd llechi ugian wrth ddeg i Gernyw? Mae o'n dweud fod y llwyth gant yn fyr. Well i ti hanfon rhagor iddo."

Ymhen wythnos neu ddwy daeth lorri fawr i'r chwarel i lwytho llechi i fynd i'r Alban. Pan oedd y gyrrwr yn barod i gychwyn, aeth y pigwr llechi ato.

"Roeddwn i'n gweld fod lle ar du ôl y lorri ac mi rois i gant o ugian wrth ddeg yna. Fydd o ddim llawer rhagor o waith iti roi'r rhain i lawr yn Cornwal, yn na fydd?"

"Wyddost ti ymhle y ca i gath bach, Twm?" gofynnodd

chwarelwr i'w bartner.

"Tyrd acw heno ac mi gei di un. Mae'r gath acw wedi cael tair, ac os bydd hi cystal â'i mam, weli di'r un llygodan yn agos i'r tŷ."

Adroddodd yr hanes ar ôl mynd adref a gofynnodd ei wraig iddo fynd i nôl y gath bach ar unwaith.

Pan gyrhaeddodd y tŷ, roedd Twm yn eistedd o flaen tanllwyth o dân a chath fawr frech yn gorwedd yn braf ar y mat. Wedi bod yn sgwrsio am dipyn, gwelodd y dyn lygoden yn croesi'r gegin a'r gath frech yn cymryd dim sylw ohoni.

"Un o'n llygod ni ydi honna," meddai Twm. "Aros di i ti gael gweld un ddiarth yn rhoi 'i thrwyn i mewn, fydd hon ddim dau funud yn ei dal hi!"

Roedd y trên yn cychwyn allan o orsaf Pen-y-groes. Roedd Wil Bach wedi cael ei dicad ond roedd yn hwyr a bu raid iddo redeg ar ei ôl. Ond roedd y trên wedi codi gormod o sbîd a methodd Wil â'i ddal. Felly, bu raid iddo gerdded yn ôl i'r orsaf.

"Methu ei dal hi wnest ti, Wil?" gofynnodd yr orsaf-feistr.

"Ia," meddai Wil, "ond mi wnes iddi bwffian."

Nid yn unig yr oedd bywyd yn galed yn y chwarel, ond roedd bywyd ar y fferm yn galed iawn hefyd. Gweithiai gwas yn aml o chwech y bore hyd chwech yr hwyr a hyd at bedwar o'r gloch bnawn Sadwrn.

Un tro cafodd gwas o'r ardal ganiatâd ei feistr i golli pnawn Sadwrn i fynd i gynhebrwng ewythr iddo ym Mhen-y-groes.

Dychwelodd fore Llun i ailddechrau ei waith a chan iddo gael blas ar beidio gweithio bnawn Sadwrn gofynnodd i'w feistr am y pnawn dilynol i fynd i gladdu ewyrth arall.

"Ydi hwnnw wedi marw hefyd?" gofynnodd y ffermwr.

"Nac ydi," meddai'r gwas, "ond mae o'n wael iawn, ac mae o'n siŵr o gael ei gladdu ddydd Sadwrn nesaf."

Roedd Wil Jow wedi bod am sbri gyda'r bechgyn a daeth rhywun ato a gofyn iddo –

"Lle rydach chi'n mynd, William?"

"Adra, lle rwyt ti'n feddwl?"

"Rydach chi'n mynd y ffordd groes."

"Wel, ydw wir," meddai Wil. "Diolch i ti am ddeud wrtha i. Mi wnes i droi rownd yng ngwaelod yr allt i gael tân ar 'y nghetyn ac mae'n rhaid fy mod wedi anghofio troi'n ôl."

Un tro clywodd Dic Gwen fod Ned Bro Rhiw wedi mynd i'r ysbyty a galwodd yn ei dŷ a gofyn i Nel ei wraig sut oedd o.

"Mae o'n reit dda, Dic," meddai, "ond mae o wedi gorfod cael llawer o waed."

"O," meddai Dic. "Yr unig ddrwg ydy eu bod nhw'n rhoi gwaed pob math o bobol – lladron, llofruddion, i ddeud y gwir, unrhyw beth y cân nhw afael ynddo."

"Bobol annwyl," meddai Nel. "Gobeithio eu bod nhw wedi rhoi gwaed rhywun go lew i Ned."

Daeth Dic adref ac roedd yn gwella'n reit dda ond ei fod yn dal yn wan.

Gwelodd Dic ei wraig yn y stryd a gofynnodd sut oedd o.

"Mae o'n reit dda," meddai Nel, "ond mae o'n gollwng pob peth. Troi te ar ben Mrs Jones y dydd o'r blaen, troi pwcedaid o ddŵr ar fy mhen inna ddoe …"

"O," meddai Dic. "Mae'n siŵr, felly, ei fod o wedi cael gwaed Ioan Fedyddiwr."

Daeth dyn diarth i'r chwarel un bore a bu i un o'r bechgyn ddangos y lle iddo. Pan ddaethon nhw at y cei llechi, roedd yna chwarelwr yn cyfri'r llechi, eu rhoi'n bentwr ar eu pennau ac yn eu cyfri fesul tair. Safodd y dyn diarth wrth ei ymyl gan droi at y bachgen oedd yn dangos y lle iddo –

"Beth mae hwn yn ei wneud?"

Ac atebodd yntau, "Wedi colli ceiniog y bore 'ma mae o ac yn chwilio amdani."

Pibell glai fyddai gan yr hen Ddic Bach Drol bob amser. Un diwrnod gofynnodd cyfaill iddo – "Pam na bryni di bibell iawn, Dic?"

"Na," meddai, "mi fydda i'n mwynhau mygyn efo hon. A pheth arall, pan syrthith hon, fydd dim rhaid i mi ei chodi hi."

Doedd un hen wraig ddim yn teimlo'n rhy dda a galwodd y wraig drws nesaf i edrych amdani. Roedd yr hen wraig yn ei gwely.

"Fasach chi'n licio panad o de?" gofynnodd.

"Na, fedra i ddim ei gymryd o."

"Be am lasiad bach o wisgi 'ta?"

"Ia," meddai'r hen wraig. "Gwnewch o'n gry', a mynnwch i mi ei gymryd o."

Cerddai'r hen bobl i bob man, boed i nôl doctor neu unrhyw neges arall. A dyna wnaeth William Morgan y Cenin, sydd rhyw bedair neu bum milltir o Ben-y-groes.

Un tro, roedd rhywun yn wael yn y Cenin ac anfonwyd William i nôl Doctor Davies i Ben-y-groes a hynny'n reit fore. Curodd ar y drws ac atebodd y Doctor mewn tipyn o dymer gan ofyn i William –

"Dydach chi ddim yn gweld yr arwydd yma wrth y drws, ddyn? 'Oriau syrjeri – 9 tan 10'. Dydy hi ddim ond wyth rŵan."

"Ydw," atebodd William, "dwi'n 'i weld o rŵan, ond doeddwn i ddim o'r Cenin."

Un anhwylder roedd chwarelwyr yn dioddef ohono'n aml oedd clwy'r marchogion neu'r peils. Eistedd gormod ar garreg las, medd rhai; yfed gormod o de cryf oedd yn sugno'r maeth o'u cyrff, meddai meddygon.

Un diwrnod bu Wil Môr Bach yn gofyn i Doctor Rowlands am rywbeth at beils a chafodd dabledi i'w cymryd, dwy y dydd.

Bore trannoeth, roedd Wil yn ôl efo'r doctor, ac meddai wrtho –

"Dwi'n waeth ar ôl llyncu'r tablets, doctor, ac mi ges i dipyn o job i'w llyncu. 'Sa waeth i mi fod wedi eu stwffio nhw i fyny'n nhin ddim!"

"Wel dyna oeddat ti fod i'w wneud y lembo!" meddai'r doctor.

Eisiau gwybod mwy am Gymru?

Mae ffeithiau o bob math i'w cael yn

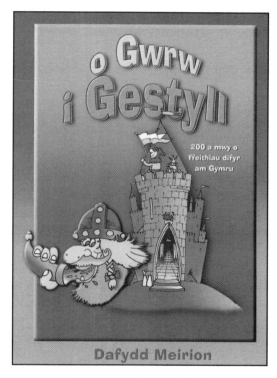

ISBN 0 954 9581 6 0

£5.00

Yn eich siop leol neu oddi wrth y cyhoeddwyr

Llyfrau Llais

7 Stryd yr Wyddfa, Penygroes, Gwynedd Ll54 6NG

01286 881158   llais@cymru1.net

Ar gael hefyd yn Saesneg, *From Sheep to St David*, £5.95

ISBN 0 954 9581 5 2